[期货投资者教育系列丛书]

早 籼 稻

中国期货业协会 编

中国财政经济出版社

图书在版编目（CIP）数据

早籼稻/中国期货业协会编．—北京：中国财政经济出版社，2011.9
（期货投资者教育系列丛书）
ISBN 978－7－5095－3076－4

Ⅰ．①早…　Ⅱ．①中…　Ⅲ．①籼稻－期货交易　Ⅳ．①F713.35

中国版本图书馆 CIP 数据核字（2011）第 175963 号

中国财政经济出版社出版

URL：http：//www.cfeph.cn
E－mail：cfeph@cfeph.cn

社址：北京市海淀区阜成路甲 28 号　邮政编码：100142
营销中心电话：010—88191537　财经书店电话：64033436
北京富生印刷厂印刷　各地新华书店经销
787×1092 毫米　16 开　12.5 印张　200 000 字
2011 年 10 月第 1 版　2018 年 5 月北京第 2 次印刷
定价：29.00 元
ISBN 978－7－5095－3076－4/F·2609
（图书出现印装问题，本社负责调换）
本社质量投诉电话：010－88190744
打击盗版举报热线：010—88191661　QQ：2242791300

期货投资者教育系列丛书编委会

总 序 言

近年来，在党中央国务院的正确领导下，随着《国务院关于推进资本市场改革开放和稳定发展的若干意见》的深入贯彻落实，我国期货市场取得了稳步较快发展的良好局面。但是由于当前我国期货市场“新兴加转轨”的特征依然突出，市场制度和结构仍存在缺陷，风险防范和化解的自我调节机制尚未完全形成，市场主体发育不成熟，我国期货市场的整体波动和投机性仍较强，这些都对期货市场的改革发展提出了新的挑战。

与此同时，在新的市场环境和对外开放的条件下，随着我国期货市场规模的不断发展壮大，国内市场与国际市场的联系日趋紧密，影响期货市场运行的外部因素也更为多样化和复杂化，由美国次级债危机引发的国际金融市场动荡不安，国内外商品市场价格频繁而剧烈的波动，都增加了期货市场风险控制和日常监管的难度，给我国期货市场的稳定、健康的运行带来了新的挑战。

在这样一个新的形势下，期货市场的持续活跃和规范运作吸引了许多新的市场参与者，期货市场的开户数快速增长，特别是新入市的个人投资者比重较大且呈持续上升趋势。大宗商品和资产价格的频繁剧烈波动也使越来越多的企业开始意识到利用期货市场进行风险管理的重要性。但是由于对期货市场的交易特点和运行机制缺乏详细了解，同时风险意识淡薄，受期货高杠杆、高回报的诱惑，而忽视了期货的高风险特征，导致了非理性投资行为上升，产生了不必要的损失。投资者是期货市场的重要主体，期货市场的发展离不开投资者的积极参与，特别是成熟投资者的参与。因此，在当前我国期货市场的快速发展时期，做好投资者教育工作更加意义深远。

做好投资者教育工作，既是保护投资者合法权益，促进期货市场稳步发展的客观需要，也是加强我国期货市场建设、促进市场稳定运行的关键环节。持续不断地开展行之有效的投资者教育活动，使投资者了解期货高杠杆、高风险的特点，了解期货市场的产品及交易规则，减少投资者的盲目性，特别是牢固树立“买者自负”的风险意识，从而理性地参与期货交易，增强投资者的自我保护能力，才是对投资者最好、最有效的保护。同时，通过投资者教育，有助于投资者客观、正确地认识和参与期货市场，可以进一步促进培育诚实守信、理性健康的市场文化，促进期货市场功能的有效发挥和市场的平稳有序运行。期货市场的投资者教育工作任重而道远，是一项长期的、系统性的工程，需要持之以恒地开展下去。

近年来，围绕投资者教育工作，期货市场的监管部门、自律组织与中介机构都深入进行了形式多样、内容丰富和卓有成效的大量工作。由中国期货业协会组织编写的这一套《期货投资者教育系列丛书》就是协会按照中国证监会的统一部署，贯彻落实期货投资者教育工作的重要措施之一。该丛书作为期货市场第一套系统介绍我国上市期货品种的投资者教育普及读物和中国期货业协会期货投资者远程教育学院课程的基础性教材，以广大普通投资者为服务对象，兼顾了现货企业等专业机构的需求。本套丛书在体例上采取简单明了的问答体例，在语言上深入浅出，通俗易懂，可读性强。在内容上，丛书以“风险教育”为主线，不仅对国内上市的期货品种基本知识和交易规则进行了详细的介绍，更从期货品种相关的现货生产、加工、贸易和消费等产业链的各个环节对该产品的特性进行了系统的介绍，从而使得投资者能够得到更加全面、深刻的理解。同时，丛书还选取了大量包括套期保值、套利交易等典型实务操作案例，作为投资者了解和学习该产品的辅助材料，充分体现了丛书的实用性和可操作性特点。衷心地希望本丛书的出版能够为期货投资者了解期货市场，树立风险意识，理性参与交易提供有益的帮助。

姜　洋

2010 年 3 月

目　录

第四章　早籼稻的流通与消费　/42

第五章　早籼稻产业链　/56

第一章 了解期货与早籼稻

【本章要点】

本章的内容涉及期货的基础概念和早籼稻的基础知识。通过本章的学习，读者能了解到期货的特点、早籼稻的属性和商品特性。

一、你听说过期货吗？

期货一般指期货合约，就是指由期货交易所统一制定的、规定在将来某一特定的时间和地点交割一定数量标的物的标准化合约。这个标的物，又叫基础资产，是期货合约所对应的现货。标的物可以是某种商品，如早籼稻，也可以是某个金融工具，如外汇、债券，还可以是某个金融指标，如国债收益率或股票指数。如果期货合约的买方将合约持有到期，那么他就有义务买入期货合约对应的标的物；如果期货合约的卖方将合约持有到期，那么他就有义务卖出期货合约对应的标的物。当然，期货合约的交易者还可以选择在合约到期前进行反向买卖来冲销这种义务。

期货市场的保证金制度决定了期货交易的杠杆性，假如最低保证金是10%，那么期货交易的杠杆是10倍，即投资者可用少量资金博取更大的收益。当然，收益和风险是成正比的，该投资者所承担的风险亦放大了10倍。

因此，期货投资者除了需要了解相关品种的专业知识，还需要有较高的风险承受能力。

保证金

在期货市场上，交易者只需按期货合约价格的一定比率交纳少量资金作为履行期货合约的财力担保，便可参与期货合约的买卖，这种资金就是期货保证金。

【案例 1－1】

正是由于杠杆交易的存在，期货市场从来就不缺“暴富神话”。2008 年，武汉曾经传出一女教师万某用 4 万元起家，炒期货半年内资产逾千万的故事，引发全国媒体的争相报道。

2007 年 7～8 月份，我国部分地方遭受旱灾，黑龙江的大豆种植面积绝收的占 60%。这是万某炒作期货的一个重要转折点。2007 年 8 月下旬，万某开始重仓介入豆油期货合约，主要是做多豆油 YY0805 合约，而且几乎天天满仓。在旁人看来，万某的做法是不按常规出牌，完全是赌博行为。因为期货交易最忌讳满仓，一旦豆油合约连续两个多跌停板，满仓就会变成爆仓，面临亏光保证金的风险。当然，如果是单边牛市，万某满仓杀入的做法就可能赚大钱。结果是，豆油的单边牛市成就了万某。2007 年 9～11 月，豆油 YY0805 合约从 7800 元/吨附近，一路上涨至 9700 元/吨，其间她不停地采取浮盈加仓策略。截至 2007 年 11 月中旬，万某已有 10 多倍的获利。此后，万某坚定持有豆油期货，直至价格上涨至 14000 元/吨。按 2008 年 3 月 3 日收盘结算价计算，万某账面保证金超过 1450 万元。但是，成也萧何，败也萧何。满仓操作的手法最终导致万某在随后的行情中几近爆仓，利润损失殆尽。最终，万某的账户仅剩 5 万元，黯然离场。

资料来源：《上海证券报》。

从这个案例，大家可以看到，期货操作的方向正确了，赚钱很快，但方向错误了，亏钱也很快，期货交易具有高收益和高风险的特点。

二、本书对参与早籼稻期货的投资主体有什么帮助？

参与早籼稻期货的主体有普通投资者、机构投资者，也有稻谷收购、仓储、贸易和加工企业及稻谷产业链上的相关企业。本书主要介绍早籼稻期货的基础知识，旨在让早籼稻期货的投资主体及潜在参与者熟悉和了解早籼稻及期货相关知识。参与早籼稻期货交易的目的可以分为套期保值、套利和投机，本书结合了不同投资主体的需求，通过案例介绍了相关知识。

三、早籼稻是什么品种？

早籼稻是稻谷的一种，也是一年中上市最早的品种，为当年种植、当年收获的第一季粮食。稻谷，一般又指水稻，是我国大宗粮食品种之一，是我国最主要的口粮大米的加工原粮。稻谷与玉米和小麦共同构成了我国谷物的三大品种。

水稻是一年生禾本科植物，高约 1.2 米，叶长而扁，圆锥花序由许多小穗组成，所结果实即稻谷，去壳后称大米或米。碾磨时只去掉外壳的稻米叫糙米，富含淀粉，并含约 8% 的蛋白质和少量脂肪，还含硫胺、烟酸、核黄素、铁和钙。碾去外壳和米糠的大米叫精米或白米，多用作煮米饭食用。

稻谷根据播种期、生长期和成熟期的不同，分为早稻、中稻和晚稻三类。早稻几乎是单一的籼稻，即早籼稻。早籼稻可分为普通（常规）早籼稻和优质早籼稻。普通早籼稻一般用于储备，而个体加工企业则以加工优质早籼稻为主。

由于早籼稻是上市最早的稻谷，其价格具有标杆作用，既会影响下季稻谷的播种面积，又对中晚稻价格走势产生重要影响。当然，早籼稻作为稻谷的一个小品种，在稻谷中所占的比重不到 20%，研究早籼稻始终要立足于“早籼稻是我国稻谷中的一部分”这一点，应从整个稻谷市场的角度考虑早籼稻市场的形势。

四、籼稻与粳稻在我国产量的比例如何？两者不同之处在哪里？

我国稻谷按品种可分为籼稻和粳稻。籼稻和粳稻的产量比例近十年来基本保持在“七三开”，2006 年稻谷总产量为 18100 万吨，其中籼稻产量为 12700 万吨，占 70.17%，粳稻产量为 5400 万吨，占 29.83%；2007 年稻谷总产量为 18603.4 万吨，其中籼稻产量为 13429 万吨，占 72.19%，粳稻产量为 5174 万吨，占 27.91%。

籼稻与粳稻是在不同温度条件下形成的两个普通栽培稻亚种，籼稻主要分布在秦岭、淮河以南的平原，粳稻主要分布在秦岭淮河以北及以南的高寒山区。籼稻亚种与粳稻亚种在生理特性、栽培特点、形态特征上均有区别（见表 1－1）。

表 1－1　籼稻和粳稻的特性比较

	籼　稻	粳　稻
粒型	细长，长度是宽度的 3 倍以上	短粗，长度是宽度的 1.4～2.9 倍
外观	稻壳较薄，叶片粗糙多毛，颖壳上毛稀而短，一般无芒，即使有芒也很短，谷粒较易脱落	稻壳较厚，叶片毛较少甚至无毛，颖壳上毛长而密，芒较长，不易落粒等
腹白	早籼米腹白较大，晚籼米腹白较小	腹白小或没有
种植区域	低纬度、低海拔湿热地区，较耐湿、耐热、耐强光，但不耐寒	高纬度或低纬度的高海拔种植，较耐寒、耐弱光，但不耐高温
米粒	一般呈长椭圆形或细长形	一般呈椭圆形或卵圆形
淀粉性质	含有较多的直链淀粉。普通大米一般分为高含量（25%以上）、中等含量（20%～25%）和低含量（10%～20%）；糯稻指标≤2%	优质粳稻 1～3 级直链淀粉含量分别为 15%～18%、15%～19%、15%～20%，普通的 17%～25%
出米率	早籼米硬质颗粒较少，耐压性能差出米率较低；晚籼米硬质颗粒较多，出米率较高	硬质粒多，耐压性能好，加工时不易产生碎米，出米率较高
米质	胀性较大、黏性较小	胀性较小、黏性较大

（1）生理特性的区别：籼稻是籼型非糯性稻的果实，具有耐热、耐湿、耐强光和忌寒冷的特点；粳稻是粳型非糯性稻的果实，具有耐寒、耐弱光和忌高温的特点。

（2）栽培特点的区别：籼稻主要分布在印度、锡兰、中南半岛、巴基斯坦、孟加拉等热带地区及我国南方的热带和亚热带地区。粳稻主要分布在我国北方、长江中下游地区和温度较低的云贵高原高海拔地区及韩国、日本等。

五、稻谷和大米是一回事吗？

稻谷和大米都是水稻成熟后收获的粮食，稻谷去壳以后就是大米。另外，稻谷通常出现在生产、收储环节，而大米形态的粮食则进入消费领域，所以稻谷又称原粮，而大米则称贸易粮。中国等亚洲国家是水稻发源地并以大米为主要食物来源，所以稻谷或大米与亚洲人们的日常生活是非常紧密的。不以大米为主食的国家将大米和稻谷都笼统称为大米。早籼稻是在郑州商品交易所上市的一个期货品种，也是我国稻谷的一个品种。早籼稻在我国南方又被俗称为早谷。

六、稻谷在中国和世界粮食作物中的地位如何？

稻谷是我国第一大粮食作物，约占全国谷物产量的40%左右。由稻谷加工成的大米是我国居民的主要口粮，稻谷产量关系国家粮食安全和社会稳定。稻谷是全球第三大粮食作物，全球总产量达6亿吨左右。稻谷的主产国主要集中在亚洲地区，亚洲约占世界总产量的90%。中国稻谷产量居世界第一，其次是印度、印度尼西亚、越南、泰国、缅甸、菲律宾等国家，其中，中国稻谷产量约占全球产量的1/3左右。

我国有60%以上的人口以大米为主食，年消费在1.26亿吨左右。早籼稻作为稻谷的一种，其产量占稻谷总产量的比重在20%以下，在整个粮食作物中，所占比重更小。早籼稻主要用于各地政策性储备、低档口粮、食品加工，酿造和工业原料，部分陈稻与玉米混合作饲料。早籼稻耐储藏，因此全国稻谷库存中早籼稻所占比例远远高于其产量所占的比例。按照每年轮换1/3左右的库存计算，大约有一半左右的早籼稻商品粮是用于储备轮换的。早籼稻在我国粮食作物中，主要起到的就是稳定市场以及保障国家粮食安全的作用。

七、早籼稻有什么特点？

早籼稻是生长期短、收获期最早的一季籼稻，早籼稻价格是当年稻谷市场价格的风向标。早籼稻一般米粒腹白较大，角质粒较少。早籼稻的品质较中晚籼稻差，早籼米质疏松，耐压性差，加工时易产生碎米，出米率较低，食味品质也较差，工业上用早籼稻较多。作为率先上市的稻谷，其价格波动也相对较大。与中晚籼稻相比，早籼稻具有如下特点：

1. 早籼稻生长期雨水充沛、光热充足、病虫害少、灾害性天气较少，比较容易获得稳产、高产。我国各地积极发展优良品种、推广新技术，良种面积有所扩大，因此早籼稻单产稳步提高。

2. 早籼稻含水量低、耐贮藏。早籼稻一般可以储藏3~5年，储备粮早籼稻轮换则以2~3年为准，是我国稻谷储备粮的主要品种。

3. 早籼稻用途广，既可食用，也可饲用，还可以作酿造、食品、制药等工业原料。

4. 早籼米消费市场大，首先是在口粮消费上，其次是在米粉生产、酿造业、饲料用粮、工业用粮的消费上。

5. 早籼稻营养品质好。早籼稻的蛋白质含量和质量都明显优于中晚稻。

6. 早籼稻卫生品质较高。早籼稻化肥、农药的施用量相对较少，早籼米的卫生品质也相对较高，因而随着早籼米质量的提高和品种多样化的发展，早籼米的消费群体将日益扩大。

7. 早籼稻品种质量一致性好，易标准化。早籼稻优质品种较少，品种之间差异相对较小，更容易将其标准化。中晚籼稻优质品种较多，不同品种内在质量和价格差异较大，因此其标准化难度也相对较大。

八、我国的早籼稻现货市场参与主体是谁？

在早籼稻市场上，存在四类行为主体：农户、企业、消费者和政府。具体地说，市场参与主体有稻农、稻谷收购企业、农村粮食经纪人、中央及地方稻谷储备库、大型贸易商、中间商、粮食批发市场、稻谷产业化龙头企业、大中型大米加工企业（米厂）以及政府。

这四类市场主体在市场上分别扮演着不同的角色。农民作为早籼稻的生产者，由于生产分散、信息来源渠道窄、市场把握能力差，在早籼稻定价上比较被动。近年来，在国家政策的支持下，农民的种粮和售粮心理对市场价格还是有一定影响的。企业作为经营比较集中的群体，在早籼稻的需求方面扮演着重要的角色，对价格的影响力比较大。而消费者作为分散的终端群体，处于价格接受者的地位。政府为了保障粮食生产的安全稳定，往往会制定政策，既保护农民利益，又稳定市场。

九、为什么上市稻谷品种选择早籼稻而非大家熟知的大米或者中晚籼稻？

在我国郑州商品交易所期货合约交易的诸多标的物中，早籼稻是其中之一。我国是全球最大的稻谷生产国和消费国，在争夺粮食国际定价权方面，稻谷期货具有一定的优势。同时，稻谷相对于大米储藏性更好，更易于储存、不易变质，可以保证期货实物交割的顺利进行。在我国，大米作为上市期货合约交易的标的物，历史上并不是空白的。20 世纪 90 年代粳米和籼米分别在上海粮油商品交易所和广东联合交易所上市，大米作为期货品种在交割环节上曾暴露出储存期太短带来的诸多问题。2009 年，水稻这个我国最大的粮食作物再次设计成期货合约交易的标的物时，选择早籼稻就是吸取了这个历史教训。另外，在我国的大宗贸易中，稻谷也是主要的贸易品种。

之所以选择早籼稻这个产量相对偏小的品种作为期货合约的标的物，是因为早籼稻相对其他稻谷更适合作期货标的物。首先，在稻谷品种中，早籼稻生长期最短，收获上市最早，加上其市场化程度较高，其走势成为年度内稻谷价格的风向标；其次，早籼稻品质特殊，具有广泛的用途，产业链完备，兼具农产品与工业品属性，价格的波动影响较大；再次，早籼稻储备性强，关系着稻谷的供给与粮食安全，它的上市对于我国稻谷（大米）市场价格的稳定有重要作用；最后，早籼稻品种较少，耐储存，品种间差异小，更容易标准化。

十、早籼稻有什么经济和社会意义?

1. 早籼稻是当年种植、当年收获的第一季主要粮食作物，因此，早籼稻生产已经成为国家政策是否扶持粮食生产、农民种粮积极性高低的试金石。

2. 早籼稻生产波动直接影响晚稻生产，进而影响全年的水稻生产。据有关研究表明，1994～2005 年期间早籼稻与晚稻种植面积的相关系数达 0.93。

3. 早籼稻的商品性优于其他各季水稻，是南方稻区最重要的商品粮源。由于早籼稻作为食用稻的适口性较差，农民除了留一些作为口粮和饲料粮的补充外，将其大部分作为商品粮出售。而且，随着近年农民务工人数的增多和农民储粮方式的变化，早籼稻的商品量还在不断增加，因此，早籼稻的商品率相对较高，约为 50%～60%。

4. 早籼稻是主要储备用粮。早籼稻比中晚籼稻耐储存，且是第一季上市的水稻品种，因此南方地区粮食部门将早籼稻作为储备粮轮换的主要稻谷品种。从近年来的实践看，各地的政策性储备需求已成为早籼稻的重要出路，尤其是当年上市的新粮。各地的政策性储备需求成为决定其收购价格高低乃至短期内市场销售价格走势的最重要因素。

5. 早籼稻是南方多数农民生活的基本保障之一。南方水稻产区涉及 13 个省份近 4 亿农民，早籼稻是他们的一部分口粮。从综合效益来看，早籼稻的种植成本与其他作物比相对较低，产量也比较稳定，卫生品质也较好，风险相对较小。因此，早籼稻对于稳定增加稻农收入有不可忽视的作用。

6. 从长期来看，早籼稻是我国粮食安全的重要支撑。就当前的粮食生产能力看，早籼稻无论是种植面积还是产量，其他品种都尚难补充或替代。

失去这一块，我国粮食安全必然受到威胁。

十一、我国早籼稻期货上市的背景及对现货市场的意义？

早籼稻是我国当年播种、当年收获的第一季粮食，其价格的变动将对当年粮食价格走势产生重要影响。我国早籼稻现货市场已经放开，早籼稻工业用量较大，参与主体广泛，价格波动也较大，各品种品质差异小，易储藏，所以早籼稻期货成为稻谷上市品种的首选。

2007年以来，粮食价格的持续走高，引起全球震动，粮食的战略地位凸显。2007~2008年，关于“粮食是一种战略物资还是获利商品”的讨论在世界各国进行。国际粮食价格高企已经引发了一些国家的食品危机，粮食生产与安全问题已成为全球性的重大问题，也是我国面临的一项紧迫课题。

2009年4月20日，早籼稻期货在郑州商品交易所挂牌上市，弥补了国内三大谷物独缺稻谷期货的局面。早籼稻期货上市对现货市场产生了重大影响。

1. 早籼稻期货的上市有利于利用价格发现指导粮食生产。稻谷作为季产年销的农作物，其供给周期较长，供给弹性较小。依据现货市场价格而不是期货市场价格来调节其生产量和生产结构将存在明显的时间滞后问题，最终会增加和积累未来的市场风险。早籼稻期货的上市将有效利用期货市场的价格发现功能以及期货价格的真实性、超前性和权威性等优势，大大弥补现货市场价格在引导稻谷经营与生产方面存在的缺陷，理性指导稻谷生产和流通，极大地避免了粮食生产与经营的盲目性，明显增加了粮食生产的稳健性与灵活性。

2. 早籼稻期货上市有利于扩大规模效应，促进粮食生产。随着粮食购销市场化的发展，粮食产业化趋势明显，各地已经出现和正在形成一批省市级的粮油产业化龙头企业。这些龙头企业充当了农户与销售企业的中介角色，集中承担了过去被农户分散了的粮油价格风险和粮油交割风险。这对粮食龙头企业的经营以及粮食产业化的发展造成了非常大的负面影响，而早籼稻期货的上市可以使它们规避价格风险和交割风险，极大地促进了粮食产业化发展和粮食生产。同时，这些企业可以通过早籼稻期货的套期保值来规避风险，而不是让风险在产业化链条的各环节之间相互传递。这对于维护企业和农户结成稳定的利益共同体，保障农业产业化的健康发展具有重要的意义。

3. 早籼稻期货上市有利于促进稻谷相关信息透明化和公开化。农产品期货市场比现货市场在知识和信息等方面，对参与的农业生产者和经营者提出了更高的要求。农产品期货市场不仅需要参与者具有一定的期货知识，还需要具备一定的现货行业知识储备。早籼稻期货上市，可以促使生产者与经营者收到大量的公开、透明的信息，帮助其打破现货市场的思维，获得更新的经营理念和更广阔的业务平台。

4. 早籼稻期货上市可提高中国稻谷定价在全球市场的权威性。早籼稻期货的上市对于稳定粮食生产具有重要意义。中国作为全球第一大稻谷生产国和消费国，其稻谷期货的推出将对世界稻谷市场产生重要影响。早籼稻期货市场的活跃，还将引领国际稻谷期货的价格走向，获得全球稻谷的定价权。

自 测 题

一、填空题

1. 稻谷和玉米、小麦统称为________。

2. 稻谷是我国第________大粮食作物，占全国谷物产量比重的______，在全球稻谷主产国中排在第________位。

3. 我国上市的稻谷期货品种是________。

4. 籼稻的主产地是我国________，粳稻的主要产地则是北方地区。

5. 早籼稻是第________季稻谷，占稻谷产量的比重为________左右。

二、选择题（不定项）

1. 我国早籼稻期货在什么时候上市的(　　)。

A. 2008 年 3 月 20 日　　B. 2008 年 4 月 20 日

C. 2009 年 3 月 20 日　　D. 2009 年 4 月 20 日

2. 我国早籼稻现货市场的参与主体包括(　　)。

A. 农户　　B. 企业

C. 消费者　　D. 政府

3. 稻谷是中国第一大粮食作物，是世界第(　　)大粮食作物。

A. 一　　B. 二

C. 三　　D. 四

4. 早籼稻加工后的主要产品是(　　)。

A. 早籼米　　B. 谷壳

C. 米糠　　D. 面粉

5. 早籼稻期货上市的背景是(　　)。

A. 国际粮价波动大　　B. 粮食地位上升

C. 国家加强农产品期货市场建设　　D. 早籼稻现货购销市场放开

参考答案

一、填空题

1. 谷物　　2. 第一、40%、一　　3. 早籼稻

4. 南方　　5. 第一、20%

二、选择题（不定项）

1. D　　2. ABCD　　3. C　　4. A　　5. ABCD

第二章
早籼稻期货合约与早籼稻期货市场

【本章要点】

本章主要介绍了早籼稻期货合约、交易规则及国际与国内期货市场等内容，同时还介绍了早籼稻期货上市一年来的运行情况以及早籼稻期货的发展前景。

一、早籼稻期货合约是怎么规定的?

期货是一种标准化的合约，不是具体的货物。合约的内容是统一的、标准化的，只有合约中的价格会因各种市场因素的变化而发生不同的波动。期货合约通常对交易品种的交易单位、报价单位、最小变动价位、每日价格波动限制、交割日期、交割品级、交割地点、交易保证金等制定了统一的规则。

期货对应的“货物”称为标的物，通俗地讲，期货要交易的“货物”就是标的物。标的物为早籼稻的标准化合约，就是早籼稻期货。例如ER1001，是一个期货合约符号，表示2010年1月交割的合约，标的物是早籼稻。

早籼稻期货是由中国证监会批准上市，在郑州商品交易所挂牌交易的期货合约。郑州商品交易所规定早籼稻的交易时间为每周一至周五的上午9：00～11：30和下午1：30～3：00，合约的交易单位是10吨/手，交割月份采用的是单月交割，即1、3、5、7、9、11月。最小变动价位为1元/吨，即10元/手。合约保证金按合约价值的5%收取，每日价格波动限制在上一交易日结算价的±3%，早籼稻期货合约（见表2－1）的设计基本延续了主要农产品期货合约设计的思路，有利于早籼稻期货合约被市场迅速了解。

表2－1　郑州商品交易所早籼稻期货合约

交易品种	早籼稻
交易单位	10吨/手
报价单位	元（人民币）/吨
最小变动价位	1元/吨
每日价格波动限制	上一交易日结算价±3%及《郑州商品交易所期货交易风险控制管理办法》相关规定
合约交割月份	1、3、5、7、9、11月
交易时间	每周一至周五（北京时间，法定节假日除外） 上午9：00～11：30　下午1：30～3：00
最后交易日	合约交割月份的倒数第七个交易日
交割日期	合约交割月份的第一个交易日至倒数第五个交易日
交割品级	基准交割品：符合《中华人民共和国国家标准——稻谷》（GB1350－1999）三等及以上等级质量指标及《郑州商品交易所期货交割细则》规定的早籼稻。替代品及升贴水见《郑州商品交易所期货交割细则》
交割地点	交易所指定交割仓库
最低交易保证金	合约价值的5%
最高交易手续费	2元/手（含风险准备金）
交割方式	实物交割
交易代码	ER
上市交易所	郑州商品交易所

资料来源：郑州商品交易所。

二、全球有哪些国家上市稻谷期货?

稻谷期货除在中国上市外，还在美国等国家上市。在美国芝加哥期货交易所上市的稻谷期货的标的物是美国当地产长粒型籼稻谷，其报价单位是美元/英担（cwt）。要换算成我们熟悉的报价，知道英担和吨的关系就可以了。1 英担等于 0.04536 吨，那么芝加哥期货交易所的稻谷价格换算成吨价，只要除以 0.04536 或是乘以 22.046 即可。如芝加哥期货交易所稻谷期货价格是 14.00 美元/英担，即 308.64 美元/吨，如再要换算成人民币，乘以汇率即可。

另外，泰国农产品期货交易所（AFET）和印度国家商品及衍生品交易所（NCDEX）以及巴基斯坦国家商品交易所（NCEL）也上市了大米期货合约。泰国、印度、巴基斯坦是最主要的大米出口国。泰国大米的价格是国际大米定价的基准，所以以上三国都选择以大米为交易标的物。

据交易所数据显示，泰国农产品交易所白米期货交易量很小，可以忽略不计。芝加哥期货交易所于 1986 年推出了籼稻期货合约（见表 2－2），2009 年其交易量为 0.25 亿吨，交易量世界排名第一。郑州商品交易所于 2009 年 4 月推出早籼稻期货，当年的交易量为 0.19 亿吨，相当于芝加哥期货交易所的 76%，差距不算大。到了 2010 年，郑州商品交易所早籼稻期货交易量为 2.68 亿吨，已经远远超越了芝加哥期货交易所的稻谷交易量，是全球稻谷期货第一大成交量（见表 2－3）。

表 2－2　美国芝加哥稻谷期货合约、泰国大米合约、印度大米合约

所属国家	美　国	泰　国	印　度
交易品种	籼稻	5% 破碎率精米	ParmalPR－106
交易单位	2000 英担	5000 公斤	10 公吨
报价单位	美分/英担	泰铢/公斤	Rs. per quintal
最小变动价位	1/2 美分/英担（10 美元/手）	0.02 泰铢/公斤	Re. 1
每日价格波动限制	前日结算价上下 50 美分/英担；现货月合约无价格限制	上一交易日收盘价的 2%	每日价格最大波动限制是 6%

续表

所属国家	美 国	泰 国	印 度
合约月份	1、3、5、7、9、11 月	最近合约起连续 6 个月份	最小 2 个月最大 12 个月合约
交易时间	公开喊价：上午 9：30 ~ 下午 1：15PM，星期一至星期五 电子交易：上午 6：33 ~ 下午 6：00，星期日至星期五	上午：10：30 ~ 12：00 下午：13：30 ~ 15：00	周一至周五交易时间：上午 10：00 ~ 下午 5：00 周六交易时间：上午 10：00 ~ 下午 2：00
最后交易日	交割月份第 15 日的前一个工作日	交割月第 5 个交易日	交割月第 20 天
交割日期	最后交易日之后的第 7 个工作日	交割月最后交易日	交割月第 20 天
交割品级	美国二级以上长粒籼稻谷	商务部公告标准 5% 破碎率精米	ParmalPR – 106 破碎率 5% 以下等
交割方式	实物交割	实物交割	实物交割
交割地点	交易所指定交割仓库	曼谷为中心半径 100 公里买方指定仓库	德里为中心半径 50 公里区域
最低交易保证金	根据市场调整（投机 初始 2025 美元 维持（保值）1500 美元）	交割月 19200 泰铢/合约 正常月 20000 泰铢/合约	—
交易代码	RR（公开喊价） ZR（电子交易）	—	—
上市交易所	芝加哥期货交易所	泰国农产品期货交易所	印度国家商品及衍生品交易所

表 2 – 3　　世界主要稻谷期货交易所稻谷期货交易量

年 份	芝加哥期货交易所		郑州商品交易所	
	90.174 吨/手	亿吨	10 吨/手	亿吨
2009 年	265443	0.24	1950083	0.19
2010 年	420013	0.38	26853906	2.69

注：为与国外交易所交易量统计口径保持一致，郑州商品交易所早籼稻交易量为单边交易量。

数据来源：文华财经。

三、早籼稻期货交割质量标准是如何规定的?

(一) 基准交割品

符合《中华人民共和国国家标准——稻谷》(GB1350 - 1999)以及交易所规定的三等及以上等级的本年度生产的早籼稻,三等以上早籼稻不设升水。早籼稻生产年度为8月1日~次年7月31日,早籼稻交割单位为10吨。早籼稻质量指标见表2-4。

表2-4　早籼稻质量指标

等级	出糙率(%)	整精米率(%)	杂质(%)	水分(%)	黄粒米(%)	谷外糙米(%)	互混(%)	色泽、气味
1	≥79	≥50.0	≤1.0	≤13.5	≤1.0	≤2.0	≤5.0	正常
2	≥77	≥47.0						
3	≥75	≥44.0						
4	≥73	≥41.0						
5	≥71	38.0						
等外	≤71.0	—						

注:“—”为不要求。

注:圈中所列指标为国标三等早籼稻质量指标,郑州商品交易所对具体交割指标有更详细解读。

(二) 早籼稻入库指标浮动范围及升贴水

1. 早籼稻入库时,水分≤13.5%的,足量入库。13.5%<水分≤14.5%的,以13.5%为基准,水分每超0.1%,扣量0.2%(仅适用于江西、湖南、湖北等主产区)。早籼稻入库水分超标可以通过晾晒或烘干设备烘干而达到交易所标准。

2. 早籼稻出库时,水分<13.5%的,水分减量部分由提货人承担。水分>13.5%的,以13.5%为基准,水分每超0.1%,补量0.1%,由交割仓库承担(仅适用于江西、湖南、湖北等主产区)。

3. 早籼稻杂质超过1.0%但不超过1.5%的，扣量0.5%。

4. 入库早籼稻脂肪酸值的规定：本生产年度产早籼稻脂肪酸值不得高于21毫克/100克（干基），非本年生产早籼稻谷脂肪酸值不得高于25毫克/100克（干基）。脂肪酸值一旦超标就无法再降，一般保管条件较好的早籼稻都能达到上述标准。

5. 本年度产早籼稻入库时，黄粒米不得超过0.5%；非本生产年度产早籼稻入库时，黄粒米不得超过0.7%，出库早籼稻的黄粒米不得超过1.0%。

6. 早籼稻生产年度为当年的8月1日至次年的7月31日止，仓单的有效期同生产年度。新粮仓单即为本年度生产的早籼稻注册的仓单，陈粮仓单为非本生产年度产早籼稻注册的仓单，陈粮仓单较新粮仓单贴水40元/吨。

四、为什么选择三等早籼稻作为交割标的物？

郑州商品交易所上市的早籼稻期货的基准交割品是三等早籼稻，合约标的物选取三等早籼稻，充分反映了早籼稻现货市场的生产与流通特征。

（一）三等早籼稻及以上的早籼稻产量最大

2009年国家粮食局在早籼稻主产区开展早籼稻质量调查，结果显示，出糙率变幅为70.2%～81.8%，平均值77.4%，一等至五等的比例分别为18%、43%、36%、2%、1%，中等以上的占97%；整精米率变幅在16.3%～74.6%，平均值58.8%，大于50%和44%的比例分别为84%和91%；不完善粒变幅为0.2%～16.5%，平均值4.8%。谷外糙米平均值0.2%，超标比例（>2.0%）约2%。按照上述指标计算，符合三等及以上标准的早籼稻比例至少在88%以上，可供交割的三等早籼稻产量大。

（二）三等早籼稻是现货市场的基准价格

早籼稻最低收购价以三等早籼稻价格作为执行的基础，2009年早籼稻最低收购价执行预案确定收购价为三等早籼稻价格为1800元/吨。在收购执行中，各收购主体瞄准该价格确定早籼稻收购价，相邻等级之间等级差价按每吨40元掌握。同时，作为储备的早籼稻也以三等早籼稻为主，三等早籼稻价格已然成为现货市场早籼稻购销定价的标杆。

期货交割选择三等早籼稻作为标的物，有利于期货交割与现货贸易的对接，对活跃市场和发挥期货市场的功能具有重要的意义。

五、早籼稻期货上市，对现货市场有什么影响？

早籼稻期货是农产品期货市场中的新成员，在期货的功能发挥上相对处于幼稚阶段，广大投资者对新品种还有个认识过程，因此，期货对现货的影响有限，甚至期货走势还要看现货“脸色”。随着早籼稻期货市场功能的完善和交易的不断活跃，期货价格将逐步主导市场，根据国内外农产品期货与现货关系的实证研究，也可以证明这一点。由于期货市场信息的充分挖掘和参与群体的广泛性，期货市场产生的未来价格更具权威性和代表性。但早籼稻期货市场与现货市场不是对立的，而是整个大市场的组成部分，现货是期货的基础。早籼稻期货市场的存在，将带来新的期货市场与现货市场的互动格局，并且将促进国内外市场的关联，早籼稻期货也将成为粮食企业经营管理中不可替代的风险管理工具。

六、参与早籼稻期货交易要做好什么准备呢？

1. 了解早籼稻期货合约，掌握市场行情：要熟悉早籼稻期货合约的各项规定、期货交易、交割及风险控制制度，要对早籼稻期现货行情有一定的了解，能够判断市场目前基本处于什么样的状态。

2. 掌握期货市场分析方法，制定市场策略：学习了解期货市场分析的一些必要工具，制定合理的交易策略，能经受得起期货市场价格波动。

3. 选择合法、正规的期货公司，开立账户：合法的期货公司应持有国家工商行政管理总局颁发的“工商营业执照”和中国证监会颁发的“期货经纪业务许可证”，而且该公司应运作规范，资信良好。

4. 自己能够正确地下达交易指令：要熟悉期货交易系统软件，能够熟练下达各种交易指令。

5. 如果自己不愿意或者时间不允许自己参与期货交易，可以选择经纪人协助下达交易指令。这就要选择好经纪人，同时需要让经纪人了解你的风险偏好和资金承受风险的范围。

七、早籼稻期货报价为何不止一个？

早籼稻期货价格见表2－5。

表2－5　早籼稻期货价格行情　2009年10月26日　单位：元/吨

品种名称	开盘	最高	最低	最新	涨跌	买价	买量	卖价	卖量	成交量	持仓量	日增仓
↑籼稻0911	1962	1983	1962	1983	2	1963	10	1997	1	62	1420	26
↑籼稻1001	2011	2015	2011	2012	1	2011	135	2012	29	2928	35132	－602
籼稻1003	2015	2015	2012	2013	0	2013	12	2015	6	128	4954	24
↑籼稻1005	2062	2067	2062	2064	2	2064	27	2065	86	2102	18412	246
↑籼稻1007	2062	2069	2062	2063	9	2063	2	2072	1	8	198	4
↑籼稻1009	2102	2105	2100	2102	2	2102	4	2104	1	26	1554	－4

资料来源：文华财经。

我们看到表2－5中早籼稻期货合约有好几个价格，最远能看到一年后的价格。同时，我们要注意不同的价格对应的符号是不同的，它们反映的是不同到期月份的市场价格情况。例如，籼稻0911合约对应的最新价格是1983元/吨，而籼稻1001合约对应的最新价格是2012元/吨，两个早籼稻期货合约符号有两个价格，说明了交割履约时间的不同对价格的影响。籼稻0911表示其交割月份是2009年11月份，籼稻1001则表明其交割月份是2010年1月份。因为交割月份不同，价格会有差异，实质上是投资者对未来不同时间的市场价格不同的预期。一般来说，远月交割合约的价格要高出近月交割合约的价格，这是因为远月交割的合约持仓成本高出近月合约。

八、什么是持仓量、成交量、结算价、收盘价？

收盘价是指某一期货合约当日交易的最后一笔成交价格。

当日结算价是指某一期货合约当日成交价格按照成交量的加权平均价。

当日无成交价格的，以上一交易日的结算价作为当日结算价。

成交量是指一段时间（一般为5分钟、15分钟、30分钟、小时、日、周、月和年等）里买入的合约总数或卖出的合约总数。目前，我国期货交易所成交量是将买方和卖方双边成交计入。

持仓量又称未平仓合约数量，是指到某日收市时为止，没有对冲了结的合约量。一份合约必须既有买家又有卖家，因而多头未平仓合约数与空头未平仓合约数相等。目前，我国期货交易所持仓量是多空未平仓数量之和。当新合约开始交易时，其持仓量等于零。如果买卖双方成交，持仓量就增加，当新的购买者买入期货合约时持仓量就增加，而在原有的多头卖出合约时，持仓量就减少。如果新的买方从原多头购入头寸，或者新的卖方已有空头头寸时，持仓量保持不变。

成交量和持仓量是判断市场流动性的重要指标。

九、什么是早籼稻的主力期货合约?

因为每一个期货品种，都有许多不同月份的交易合约，其中持仓量最大的月份，我们称之为主力合约，因为它代表了这个期货品种总的走向，具有代表性，而且一般它的交易量也是最大的，是多空力量角逐的主要阵地。作为投资者应尽量选择主力合约进行交易，合约流动性强，方便投资者进出市场。

和其他农产品期货相似，早籼稻期货作为农产品类期货品种，交易活跃和持仓量较大的月份一般都集中在1月、5月和9月上。合约到期交割期间，9月份合约正是新年度早籼稻上市集中的时候，5月份合约正是新年度早籼稻播种和一年中供应较少的时候，而1月份合约又是大米需求量最大的时候。这三个时段的早籼稻价格波动得相当剧烈。

十、郑州商品交易所每天公布的仓单和有效预报是什么意思?

标准仓单是指交割仓库完成入库商品检验、确认合格并签发“货物存储证明（保证）书”等后，经交易所注册，可用于证明货主拥有实物或者可予以提货的财产证明。

早籼稻有效预报就是法人投资者（货主）通过期货公司向交割仓库递交“交割预报单”，仓库同意接收早籼稻入库，投资者向交割仓库缴纳 30 元/吨的交割预报订金后，仓库向投资者开具“入库通知单”。“入库通知单”有效期为 40 天。在该期限内投资者入库早籼稻后，仓库返还其交割预报订金。

以郑州商品交易所 2009 年 9 月 22 日发布的早籼稻仓单日报信息为例，当日仓单数量 2166 张，也就是说共有 21660 吨早籼稻在仓库注册，可用于早籼稻期货的交割。有效预报是 1849 张，表明投资者可向交割仓库入库 18490 吨早籼稻。当然，有效预报并不是说当天就一定要客户把商品送入仓库，只是说明了可能入库的商品数量。投资者注册早籼稻仓单都需要经过向交割仓库预报这个环节，注册成仓单后，有效预报将自动撤销。举例来说，投资者共向交割仓库预报 1000 吨早籼稻入库，仓单日报当日显示仓单数量为零，有效预报为 100 张；早籼稻 1000 吨入库后，则仓单日报显示仓单数量为 100 张，有效预报为零；如果早籼稻入库 500 吨，则显示仓单数量为 50 张，有效预报为 50 张。

十一、仓单和交割仓库库存有什么关系？它们和期货价格波动有什么联系？

仓单是货物的凭证，标准仓单比一般的仓单更进了一步，它是指交易所认可的符合交易所交割规定标准的仓单。标准仓单既可用于期货交割，还可用来充抵保证金进行期货交易。标准仓单是指由交易所指定交割仓库完成入库商品验收、确认合格后，在交易所标准仓单管理系统中签发给货主的，用于提取商品的凭证。

通常情况下，交割仓库的库存量越大，注册标准仓单难度小，期现价差不易偏离过大；反之，库存越小，注册标准仓单的成本越大，难度越高，期现价差更容易偏大。

仓单数量和库存量反映的特定市场环境的供求关系会对期货价格波动带

来影响。仓单数量及库存转化为仓单的潜力大，说明局部市场环境供应充足，对期货价格有压制作用；反之，对期货市场构成利多支持。显然，仓单数量和库存对期货价格波动是有关联的。

十二、早籼稻期货上市初期运行情况如何?

早籼稻期货于2009年4月20日在郑州商品交易所正式上市，标志着我国稻谷期货正式诞生。自早籼稻期货合约挂牌之后，其运行状况可以划分为三个阶段。

第一阶段：2004年4月20日至7月底。早籼稻期货上市之初，正值消费淡季，现货价格运行平稳，期价整体表现较为平淡，交易不活跃。之后，5月下旬和6月上中旬是早籼稻生产的关键时期，我国北方出现干旱，而南方持续降雨，天气因素推动了早籼稻期价的快步上扬，主力合约ER0909价格不断上升，最高冲至2098元/吨，而此时的现货价格仅为1840元/吨。

第二阶段：2004年8月初至11月底。进入8月份以后，随着早籼稻收获期的到来，天气对早籼稻生长造成的实质影响并没有多大，早籼稻实现连续6年增产，与预期的差别显现。另外，期现货价差过大，促使部分现货企业进入市场进行期现货套利操作。这些因素推动了早籼稻主力合约ER0909价格在到期前快速向现货价格回归，进入交割月的合约价格维持在1900～1950元/吨。

第三阶段：2004年12月初至年底。伴随着美元破位下行，市场对于通货膨胀的预期增强，在此形势之下，市场上资金寻求避险保值的需求大大增强，进而推动黄金、大宗商品价格连续上涨，国内商品市场表现也较为强劲。与此同时，受11月中下旬雪灾天气影响，以及年底消费旺季的来临，早籼稻出现小幅跟涨的迹象，整体则呈现远强近弱的格局。

从近一年运行情况来看，早籼稻期货有以下特点：（1）交割量比例较大，达到2%；（2）主力合约期货价格一直较现货价格升水较多。

十三、早籼稻期货的地位如何？

稻谷是我国第一大粮食作物，约占全国谷物产量的40%以上，稻谷价格的波动，对我国粮食价格的影响不言而喻。2004年，我国全面放开粮食收购和销售市场，实行多渠道经营。近两年来，早籼稻收购主体明显增加，竞争非常激烈，价格波动较大，现货企业面临的市场风险日益增加，迫切需要采取有效手段规避市场风险。早籼稻期货的上市，恰好为现货企业提供了一个有效的规避风险的手段。

同时，作为全球最大的稻谷生产国和消费国，中国稻谷市场有足够的深度和广度。早籼稻期货作为农产品期货市场中的新成员，在期货的功能发挥上相对处于初期阶段，广大投资者对新品种还有个认识过程，因此，早籼稻期货对现货的影响有限。但随着早籼稻期货市场功能的完善和交易的不断活跃，期货价格将逐步主导市场，期货价格将更具权威性和代表性。

随着早籼稻期货市场的不断发展，市场将产生新的期货和现货互动格局，并且将促进国内外市场的关联，早籼稻期货也将成为粮食企业经营管理中不可替代的风险管理工具。

目前，早籼稻期货品种正得到越来越多的市场关注，将来一定能成为中国的稻谷定价标准之一。随着早籼稻期货市场功能的发挥，郑州早籼稻期货价格有望在世界稻谷的定价中扮演重要角色。

自　测　题

一、填空题

1. ER1011，是一个期货合约符号，表示________年________月交割的早籼稻合约。

2. 早籼稻期货由中国证监会批准上市，目前在________交易所挂牌交易。________交易所规定早籼稻的交易时间为每周一至周五的上午9：00～11：30和下午1：30～3：00，合约的交易单位是________，交割月份采用的是________交割，即________月。最小变动价位为1元/吨，即________

元/手。每日价格波动限制在上一交易日结算价的________。

3. 每一个期货品种，都有许多不同月份的交易合约，其中持仓量最大的月份交易合约，我们称之为________，因为它代表了这个期货品种总的走向，具有代表性，而且一般情况下，它的交易量也是最大的，是多空争夺的主要阵地。作为投资者应尽量在这个月份交易合约，进出也非常方便，市场的流动性非常充分。和其他农产品期货相似，早籼稻期货作为农产品类期货品种，交易活跃和持仓量较大的一般都集中在________月、________月和________月合约上。

4. ________是指交割仓库完成入库商品检验、确认合格并签发“货物存储证明（保证）书”等后，经交易所注册，可用于证明货主拥有实物或者可予以提货的财产证明。早籼稻有效预报就是客户通过期货公司向交割仓库递交“交割预报单”，仓库同意接收早籼稻入库，并向交割仓库缴纳________的交割预报定金后，仓库向客户开具的“入库通知单”，有效期为40天，在该期限内的交割预报都是有效的。

二、选择题（不定项）

1. 早籼稻上一交易日结算价为2050元/吨，今日涨停价是(　　)元/吨。

A. 2112　　B. 2132

C. 2153　　D. 1989

2. 非本年生产的早籼稻符合交割标准需贴水(　　)元/吨。

A. 10　　B. 20

C. 30　　D. 40

3. 世界(　　)国家有稻谷（含大米）期货。

A. 美国　　B. 泰国

C. 印度　　D. 巴基斯坦

4. 参与早籼稻期货交易要准备(　　)。

A. 了解早籼稻期货合约，掌握市场行情

B. 了解期货市场分析，制定市场策略

C. 选择合法、正规的期货公司，开立账户

D. 自己能够正确地下达交易指令

E. 如果自己不愿意或者时间不允许自己参与期货交易，可以选择经纪人协助下达交易指令

5. 早籼稻最后交易日是(　　)。

A. 合约交割月份的倒数第7个交易日

B. 合约交割月份的第7个交易日

C. 合约交割月份的第10个交易日

D. 合约交割月份的第15个交易日

6. 下面对早籼稻交割的规定描述正确的是(　　)。

A. 期货交割上，一、二等早籼稻对三等早籼稻升水

B. 早籼稻入库时，水分≤13.5%的，足量入库。13.5%<水分≤14.5%的，以13.5%为基准，水分每超0.1%，扣量0.2%（仅适用于江西、湖南、湖北等主产区）

C. 早籼稻出库时，水分<13.5%的，水分减量部分由提货人承担。水分>13.5%的，以13.5%为基准，水分每超0.1%，补量0.1%，由交割仓库承担（仅适用于江西、湖南、湖北等主产区）

D. 入库早籼稻脂肪酸值的规定：本年度生产早籼稻脂肪酸值不得高于21毫克/100克（干基），非本年生产早籼稻谷脂肪酸值不得高于25毫克/100克（干基）

参考答案

一、填空题

1. 2010　11
2. 郑州商品　郑州商品　10吨/手　单月　1、3、5、7、9、11　10元/手　±3%
3. 主力合约　1、5、9
4. 标准仓单　30元/吨

二、选择题（不定项）

1. A　　2. D　　3. ABCD　　4. ABCDE　　5. A
6. BCD

第三章
早籼稻的种植

【本章要点】

本章主要介绍了早籼稻的种植与生产状况，涉及了早籼稻的分类、生长阶段、产量。另外，本章还对早籼稻产区分布情况及产区自然条件做了介绍。

一、稻谷种植历史及早籼稻生产现状是怎样的？

稻谷的种植最早在亚洲和非洲的热带和亚热带地区。稻谷的栽培历史可追溯到约公元前3000年的印度，后逐渐向西传播，中世纪引入欧洲南部。除被称为旱稻的生态型外，稻谷都在热带、半热带和温带等地区的沿海平原、潮汐三角洲和河流盆地的淹水地栽培。世界上近一半人口，包括几乎整个东亚和东南亚的人口，都以稻米为主食。大米是我国最主要的口粮品种，国内约65%的人口以大米为主食，所以稻谷的生产在国内具有重要地位。

早籼稻是我国稻谷的一支，早籼稻生产的变动，也反映了稻谷生产的变迁。2000年我国早籼稻退出保护价收购以后，早籼稻种植面积和产量逐年下降。2004年以来，在国家扶持粮食生产发展政策的激励下，早籼稻的种植面积和产量开始恢复性增长，双季稻改单季稻的形势得到了一定遏制。2004~2006年，早籼稻的种植面积年均增长2.3%，2004年早籼稻产量由2948万吨回升到3221.6万吨。2009年早籼稻产量迈上3300万吨的台阶，占稻谷产量的比重提升至17.1%（见表3-1）。

表3-1　早籼稻播种面积及产量

年份	播种面积（万亩）	占稻谷比例（%）	产量（万吨）	占稻谷比例（%）
2000	10229.57	22.76	3752	19.97
2001	9582.48	22.17	3400.26	19.15
2002	8809.05	20.82	3028.9	17.35
2003	8385.45	21.09	2948.4	18.35
2004	8919.6	20.95	3221.6	17.99
2005	9041.85	20.90	3187.4	17.65
2006	8985.15	20.45	3186.8	17.46
2007	8613.6	19.86	3151.5	16.94
2008	8562.45	19.52	3159.5	16.46
2009	8805.12	19.81	3335.49	17.10

数据来源：中国种植业信息网。

二、稻谷及早籼稻的主产区域与产量如何分布？

我国现在稻谷种植分布区域以南方为主，稻谷生产越来越向优势区域集中。近年来，我国稻谷生产逐步向长江中下游和黑龙江稻谷产区集中。目前，南方稻区约占我国稻谷播种面积的94%，其中长江流域稻谷面积已占全国的65.7%，北方稻谷种植面积约占全国的6%。

以2009年为例，稻谷播种面积和产量较大的省区有湖南、江西、广西、广东、四川、安徽、江苏、湖北、浙江、福建、云南等省（区），其播种面积和产量占全国的85%左右。分品种来看，早稻生产共有13个省（区、市），全部分布在南方，我国早籼稻种植地区包括湖南、江西、广西、广东、湖北、安徽、福建、浙江、海南、云南、四川、贵州、重庆等13个省（区、市），前八位为主要产区，其中，湖南、江西、广西、广东是全国早籼稻种植面积和产量最大的4个省（区），产量都在500万吨以上，播种面积和产量占全国80%左右；加上湖北和安徽，这6个省（区）的播种面积和产量占全国90%左右。中稻及一季稻生产分布在除广东、海南和青海以外的全国各地，其中四川、江苏、黑龙江、安徽、湖北、云南、湖南、重庆等8省（市）播种面积占全国的70%以上；晚稻生产分布在南方15个省，与早稻分布相近。

我国的稻谷在生产上大体上可划分为南北两大稻区：按秦岭—淮河一线分界，长江流域的上海、江苏、浙江、安徽、湖南、湖北、江西、四川、贵州、云南、广东、广西、福建等省、市、自治区，以及陕西和河南南部地区为中国南方稻区，以种植籼稻为主，籼粳并存；北京、天津、山西、内蒙古、山东、河南中部和北部、黑龙江、吉林、辽宁、陕西中部和北部、宁夏、甘肃、新疆等省、市、自治区为中国北方稻区，基本上种植粳稻。南方稻区是中国稻谷生产的主要生产地区。2000~2007年，除黑龙江外，播种面积在全国排前九位的湖南、江西、广西、广东、四川、安徽、江苏、湖北均为南方稻区，这八省南方稻谷播种面积占全国的67.39%，产量占全国的66.68%。全国稻谷主产区见表3-2。全国早籼稻主产省早籼稻播种面积及产量见表3-3。

表3-2　　全国稻谷主产区

	播种面积（万亩）	稻谷产量（万吨）	单产（公斤/亩）
全国	44440.38	19510.3	439.02
湖南	6070.8	2578.6	424.75
广东	2939.55	1058.1	359.95
广西	3187.5	1145.9	359.50
福建	1296.92	515.33	397.35
浙江	1408.11	666.67	473.45
江西	4923.09	1905.9	387.13
安徽	3370.28	1405.61	417.06
湖北	3067.62	1591.92	518.94
黑龙江	3691.23	1574.5	426.55
吉林	990.6	505	509.79
辽宁	985.05	506	513.68
江苏	3349.85	1802.89	538.20
河南	916.95	451	491.85
四川	3040.65	1520.2	499.96
云南	1559.75	636.23	407.91

数据来源：中国种植业信息网。

表 3-3　　全国早籼稻主产省早籼稻播种面积及产量

	面积（万亩）	产量（万吨）	单产（公斤/亩）	产量占比（%）
全国	8805.12	3335.49	378.81	100.00
湖南	2070.9	809.7	390.99	24.28
广东	1417.4	519.4	366.45	15.57
广西	1483.2	553.3	373.04	16.59
福建	320.51	125.51	391.60	3.76
浙江	172.31	67.87	393.89	2.03
江西	2101.2	793.8	377.78	23.80
安徽	410.9	150.43	366.10	4.51
湖北	536.07	208.32	388.61	6.25

数据来源：中国种植业信息网。

三、我国早籼稻通常分为哪几种类型？

根据米质，早籼稻可以分为普通稻和优质稻，南方普通早籼稻面积大，产量高，但因垩白度偏高，导致适口性差、出米率低而降低食用品质。近几年来，我国花大力气调整农产品种植结构，提高农产品质量，全国优质早籼稻种植面积不断增加，使早籼稻品种有很大改善，品质不断提高。目前，优质早籼稻面积约占早籼稻总面积的75%以上。

根据遗传学特性，早籼稻还可以分为常规早籼稻和杂交早籼稻。常规稻的基因型是纯合的，其子代性状与上代相同，因此它不需要年年制种，只要做好防杂保纯工作，就可以连年种植，利于良种的加速繁殖。杂交稻的基因型是杂合的，子代性状与上代分离，制种不孕率高，所以需要每年制种。水稻具有明显的杂种优势现象，主要表现在生长旺盛、根系发达、穗大粒多、抗逆性强等方面，因此，利用水稻的杂种优势可以大幅度提高水稻产量。杂交稻主要是中晚籼稻品种。

根据粒型不同，现货中早籼稻又可分为长粒型和短粒型。它们的用途不同，价格也不同，短粒型早籼稻在工业、食品用途上更受欢迎，长粒型早籼稻较多地进入到低端口粮市场，现货市场将两者分开收购和储藏。一般认为，长粒型早籼稻的产量与短粒型早籼稻的产量的比是6∶4。

四、早籼稻的生长阶段怎么划分？

通常，稻谷一生的自然生长发育过程可以分为3个阶段（见表3－4）：从种子萌发至幼穗开始分化前是单纯的营养生长期，形成根、茎、叶等营养器官；幼穗开始分化至抽穗前为营养生长与生殖生长并进期，最后3片叶及稻穗形成；抽穗至成熟是单纯的生殖生长期，经历开花、乳熟、蜡熟、完熟等时期。

表3－4 稻谷自然生长发育过程

阶段	时间跨度	形成
营养生长期	种子萌芽—幼穗分化前	根、茎、叶等营养器官
营养生长与生殖生长并进期	幼穗分化—抽穗前	3片叶及稻穗
生殖生长期	开花、乳熟、蜡熟、晚熟	稻谷

在高产栽培中为便于掌握生育进程，又把稻谷生长期分为幼苗期、分蘖期、幼穗形成期及开花灌浆结实期。

在实际操作时，移栽插秧的幼苗期为秧田期，移栽后称本田期。本田期也分为3个时期：前期，从移栽返青到分蘖高峰；中期，稻穗分化形成；后期，从始穗扬花到灌浆成熟。

早籼稻全生育期（播种—成熟）为90～110天（见表3－5）。我国早籼稻一般每年的7月中下旬进入大面积收割阶段，8月份早籼稻集中上市。

表3－5 主产区早稻生长期

月　份	江西	湖南	湖北	安徽	广西	广东
7月下旬		成熟	成熟	成熟	成熟	成熟
7月中旬	成熟	成熟	成熟	成熟	成熟	成熟
6月下旬	乳熟	抽穗	抽穗	抽穗	抽穗	乳熟
6月中旬	抽穗	抽穗	孕穗	孕穗	抽穗	抽穗

续表

月　份	江西	湖南	湖北	安徽	广西	广东
6月上旬	孕穗	孕穗	分蘖	分蘖	孕穗	孕穗
5月下旬		分蘖	分蘖	分蘖	分蘖	分蘖
5月中旬	分蘖	分蘖	分蘖	分蘖	分蘖	分蘖
5月上旬	分蘖	返青	返青	移栽	分蘖	分蘖
4月下旬	返青	移栽	出苗	出苗	分蘖	分蘖
4月中旬	出苗	出苗	出苗	出苗	育秧	育秧
4月上旬	播种	播种			长叶	长叶
3月下旬	播种	播种			出苗	出苗
3月中旬					出苗	出苗
3月上旬					播种	播种

资料来源：中国种植业信息网。

五、全球稻谷主要种植区域及产量是如何分布的？

除了南极洲，全球各大洲都有稻谷种植，主产国集中在亚洲地区，约占世界总产量的90%。中国稻谷产量居世界第一，其次是印度、印度尼西亚、越南、泰国、缅甸、菲律宾等国家。近年来，世界稻谷产量逐年增加，不仅传统的稻谷种植地区产量稳中有升，美国与拉丁美洲等国家和地区越来越多的耕地也用于稻谷种植。稻谷作为粮食中的高产品种，其种植面积和区域的扩大，有利于解决日益增加的人口面临的粮食短缺问题。2008/2009 年度，中国稻谷产量 19350 万吨，印度产量 14164 万吨，两国产量合计占全球稻谷产量的50%以上。1997～2009 年全球稻谷产量及生产国产量见表 3－6。

表 3－6　　1997～2009 年全球稻谷产量及主产国产量　　单位：万吨

年度	全球	中国	印度	印度尼西亚	日本	韩国	巴基斯坦	菲律宾	泰国	越南	巴西	美国
1997	57503.3	20070	12382	4924	1253	737	650	998	2350	2893	846.2	830.1
1998	58683.4	19871	12913	5087	1120	680	701	1027	2362	3047	1158	836.7

续表

年度	全球	中国	印度	印度尼西亚	日本	韩国	巴基斯坦	菲律宾	泰国	越南	巴西	美国
1999	60886.3	19848	13453	5190	1147	707	774	1196	2500	3171	1142	934.5
2000	59441.4	18791	12748	5150	1186	720	720	1252	2584	3102	1020	865.8
2001	59548.1	17758	14002	5110	1132	741	582	1300	2651	3187	1039	976.4
2002	56427.8	17454	10774	5180	1111	669	672	1300	2606	3262	1037	957
2003	58546.9	16066	13281	5430	974	615	727	1415	2729	3346	1281	906.8
2004	59782.4	17909	12471	5400	1091	674	754	1450	2630	3442	1323	1054
2005	62326	18059	13770	5420	1134	644	832	1511	2758	3450	1158	1010.8
2006	62731.1	18171	14004	5473	1070	631	818	1552	2765	3473	1132	882.7
2007	64707.7	18603	14505	5736	1089	596	855	1663	2924	3693	1206	899.9
2008	66181.1	19300	14837	5783	1103	655	945	1681	2939	3590	1300	924.1
2009	63167.1	19571	12500	5543	1101	703	929	1443	2900	3473	1117	988.6

资料来源：美国农业部。

六、全球稻谷的生长周期是怎样的？

稻谷生产主要分布在北半球，但因为稻谷播种所跨的纬度较大，稻谷播种和收获的时期各有不同。从理论上来说，东南亚地区全年都适合稻谷生长，但最主要的播种季还是在春夏，而大量收获时期则集中在9～11月。一般，在全球纬度较低的热带地区，稻谷可以一年栽插三季，达到一年三熟，而随着纬度的增加，稻谷向一年两熟至一年一熟过渡。表3－7是全球主要稻谷生长国稻谷生长周期。

表3－7　全球主要稻谷生产国稻谷生长周期

	播种期	收获期	大量收获期
亚洲			
中国			
早稻	2～5月	6～7月	7月
中稻	3～5月	8～10月	9月

续表

	播种期	收获期	大量收获期
晚稻	6~7月	10~11月	
北方粳稻	4月中旬~6月中旬		9月
印度			
早熟季	3~5月	6~12月	8~10月
主要产季	6~10月	11月~次年4月	11月~次年1月
菲律宾			
主要产季	7~9月	11月~次年1月	12月
次要产季	1~2月	4~6月	5月
第三产季		5~6月	9~11月
泰国			
主要产季			
北方	5~6月	11月~次年1月	11月~次年1月
东北	6~8月	11月~次年1月	
中部	6~7月	11月~次年2月	
南部	9~11月	3~5月	
次要产季	1~5月	6~8月	
越南			
主要产季			
北部	5~9月初	9月底~11月	
中部	5~9月	9~12月中旬	
南部	3~10月初	11月底~次年2月	
印度尼西亚			
主要产季			
爪哇岛	10月~次年3月	2~6月	3~5月
苏拉威西南部	5~6月	8~10月	8~9月
苏门答腊北部	7~11月	12月~次年3月	1~3月
苏门答腊南部	10月~次年1月	1~6月	4~6月
日本	4~5月	9~11月	10月
朝鲜	5~6月	9~10月	9月

续表

	播种期	收获期	大量收获期
韩国	6~7月	10~11月	10月
巴基斯坦	4月中旬~7月中旬	10月中旬~11月	11月初
南美			
巴西			
南部	8~10月	2~5月	3~4月
东北	3~5月	8~10月	10月
北部	11~12月	4~6月	次年5月
北美			
美国			
美湾地区	4~6月	8~10月	8月底~9月
加州	4~6月	9月中旬~11月	10月

资料来源：国际水稻研究中心。

七、我国早籼稻主产区的自然条件及灌溉条件如何？

早籼稻主产区处亚热带和暖温带区域，其中早籼稻产量最大的湖南、江西、广西和广东属亚热带季风气候。湖南和江西处于东亚季风气候区的西侧，加之地形特点和离海洋较远，两地既有大陆性气候的光温丰富特点，又有海洋性气候的雨水充沛、空气湿润特征。亚热带季风气候使其具备早籼稻生长所需的光热水气条件。

湖南位于长江中游的南部，居东经108°47′~114°15′、北纬24°39′~30°08′之间。就气候而言，湖南属亚热带季风湿润气候，四季分明，严寒期较短。年平均气温在16℃~18℃之间，年降水量在1200~1700毫米之间，日照1300~1900小时，无霜期多达270~310天。这些气候因素均有利于亚热带农作物水稻的培植与生长，加上湘中盆地和湘北平原土地肥沃，且洞庭湖水系水产丰饶，有利于早籼稻生长发育。耕地灌溉条件方面，湖南实有耕地5724万亩，其中水田4375万亩，有效灌溉面积4045.5万亩，旱涝保收面积 3927 万亩，占耕地比重 68.6%。

江西地处北回归线附近，气候温和，年平均气温 18℃；雨量充沛，年平均降水量 1637.9 毫米。纵横全省的 2400 多条河流汇入中国最大的淡水湖——鄱阳湖，最后又注入长江，并形成了鄱阳湖平原地区，为全省早稻的主产区域之一。全省水资源总量 1416 亿立方米，水面积 167 万公顷，占全国淡水总面积近 10%，人均水拥有量高于全国平均水平。江西亚热带湿润气候特征明显，天气条件适宜稻谷生长。耕地方面，江西耕地面积 3220.4 万亩，其中有效灌溉面积 2760 万亩，占耕地面积比是 85.7%，旱涝保收面积是 2218 万亩，占耕地面积比重是 68.9%。

八、全球其他稻谷种植区域的自然条件是怎样的?

（一）泰国的自然条件

泰国是中国的近邻，位于中南半岛中南部，地处北纬 5°37′～20°27′和东经 97°22′～105°37′之间。从地形上划分为 4 个自然区域：北部山区的丛林、中部平原的广阔稻田、东北部高原的半干旱农田，以及南部半岛的热带岛屿和较长的海岸线。泰国地处热带，绝大部分地区属于热带季风气候，全年可以明显地分为三季：雨季、凉季和热季。每年 5 月中旬到 10 月中旬的西南季风，使泰国普遍降雨，为雨季；由于东北季风的影响，当年 11 月到翌年 2 月中旬，来自中国的干冷空气，使泰国除了南部、东南部以外的大部分地区（尤其是北部和东北部）进入凉季；2 月中旬到 5 月中旬，从东南方向进入泰国的南海气流，使全国气候炎热和干燥，为热季。凉季和热季很少下雨，也叫做干季。

泰国年温差很小，即使在凉季，月平均气温也不低于 18℃。4 月是最热的月份，最高气温一般在 33℃～38℃，南部半岛地区属海洋性气候，终年温暖湿润，年湿差小，年平均气温在 26℃～27℃。泰国北部的气温则低于全国其他地区，最高温度约 20℃，在一些山区，最低温度可达 0℃。

由于其地形特点，泰国降水量较东南亚其他国家少，年平均降水量约 1550 毫米。西部山脉挡住了从印度洋来的西南季风，致使中部年平均降水量不足1500毫米；东北部地区除高耸的高原边缘年降水量可达3000毫米以外，其余低平部分年降水量仅在1000毫米上下。雨量最充沛的是处于迎风坡面的沿海地区，最高可达5000毫米。优越的自然条件，为泰国稻谷生产提供了有利的条件，使得泰国成为全球最主要的大米出口国。

（二）越南的自然条件

越南位于中南半岛东部，北纬8°10′~23°24′、东经102°09′~109°30′。越南全国地处北回归线以南，高温多雨，属热带季风气候。年平均气温24℃左右。年平均降雨量为1500~2000毫米。北方分春、夏、秋、冬四季。南方雨旱两季分明，大部分地区5~10月为雨季，11月至次年4月为旱季。东部沿海为平原，红河三角洲地势平坦，河网密布，是越南主要产米区之一，但是红河及其支流经常发生严重的洪水。湄公河三角洲土壤肥沃，面积为3万平方公里，几乎是红河三角洲的4倍，是世界上最富庶的水稻产区之一。稻谷是其主要粮食作物，主要分布在红河三角洲、湄公河三角洲及沿海平原地区。这里绝大部分地区一年可种两季稻，一些地区可种三季稻，而且产量潜力较大。北方的红河水系与南方的湄公河水系，给两大平原带来了大量的腐殖质，使土地相当肥沃。这两大平原的稻田占了耕地面积的90%左右，成为世界上著名的“谷仓”之一。越南是全球第二大大米出口国。

（三）印度的自然条件

印度是全球重要的粮食产地，其稻谷产量位居全球第二位。印度是世界耕地面积排名第一的国家，耕地面积约1.6亿公顷（约合24亿亩）。印度耕地广阔，地处热带，水热条件优异。印度北部主要是恒河平原，主要由恒河和布拉马普特拉河冲积形成，地势比较开阔低平，土层比较厚，而且开垦历史悠久，是重要的粮食产区。

印度终年高温，年平均气温在20℃以上，最冷月的平均气温一般也在18℃以上。冬季北部高大山地和高原阻挡了冷空气的南侵，使得本地区冬季气温相对较高。年降水量大，干湿季明显，降水集中在夏季。年降水量一般在1500~2000毫米以上。冬季，在干燥的东北季风控制下，降水稀少。印度气候也分为雨季和干季，雨季是粮食播种、生长的重要季节，雨季雨量的多寡直接影响印度粮食的产量。

九、影响早籼稻产量的自然因素有哪些?

早籼稻生长主要受温度、光照、水分和病虫害的影响。

早籼稻是喜温作物，对温度的要求较高（见表3－8），故早籼稻的种植区域集中在南方。

表3－8　　早籼稻生长阶段对温度的要求

阶段	温度	形成灾害温度	后果
播种	12℃以上	持续低于此温度	烂秧、死苗
栽插	17℃以上	持续低于此温度	
孕穗期	17℃以上	低于此温度	颖花退化，不实粒增加、抽穗延迟
安全齐穗期	22℃～35℃	连续2天低于温度下限，高于上限	低温：空壳瘪谷；高温：结实率下降
灌浆结实期	23℃～28℃	35℃以上 低于13℃～15℃	低温物质运转减慢；高温呼吸消耗增加。温度低于13度，灌浆相当缓慢

早籼稻是喜阳作物，对光照条件要求较高。早籼稻单叶饱和光强一般在3万～5万勒克斯（光照度单位）左右，而群体的光饱和点随叶面积指数增大而变高，一般最高分蘖期为6万勒克斯左右，孕穗期可达8万勒克斯以上。因此，持续的寡照天气会影响稻谷的生长发育。

早籼稻全生长期需水量一般在700～1200毫米之间，大田蒸腾系数在250～600之间，水稻蒸腾总量随光、温、水分、风、施肥状况、品种光合效率、生育期长短及熟期而变化。早籼稻在开花期蒸腾量最高。在返青期、减数分裂期、开花与灌浆前期受旱减产最严重。

对早籼稻而言，早熟种早籼稻在平均气温大于10℃时，积温2400℃，生育天数110天；中熟种早籼稻在平均气温大于10℃时，积温2400℃～2600℃，生育天数110～120天；晚熟种早籼稻在平均气温大于10℃时，积温2600℃以上，生育天数120天以上。有效积温通常用于作物生育速度的计算和发育时期的预报。各地气温差异很大，不同类型的水稻品种，各自对积温都有一定要求。其稳定性、准确性大大高于用天数计算。积温不足会延迟稻谷收获时间。

从各阶段来看，播种至分蘖期病害，主要有生理性烂秧、青枯病和立枯病；分蘖至出穗期病害，主要有稻瘟病的叶瘟、白叶枯病和纹枯病；出穗至成熟期病害，主要有稻瘟病的穗颈瘟、枝梗瘟、谷粒瘟、稻曲病。亚洲稻谷因虫害而造成的损失占总损失的30%。

【案例 3－1——2010 年低温寡照及洪涝灾害对早籼稻产量的影响】

2010 年 4 月以来，江南地区降水较多，气温偏低，日照偏少，降水偏多。4 月 1 日～28 日，江西全省平均降水 326 毫米，偏多 5.1 成；雨日普遍为 16～21 日，日照 63.1 小时，偏少 29.4 小时；平均气温是 15.4℃，偏低 2.2℃。持续低温阴雨天气对早籼稻播种、育秧和栽插都产生了不利影响，主要表现在：前期发芽慢，播种稍有延迟；二是秧苗生长慢，秧苗较弱小细长；三是直播早稻烂种、烂秧较为严重；四是降雨天气太多，不利于早籼稻大田移栽田间作业的开展；五是插秧后早籼稻生长发育慢，返青时间长。

2010 年 5 月以来，江西省连续出现三次强降雨过程。其中，第三轮降水过程从 12 日开始，至 14 日结束，全省平均降雨量超过 72.3 毫米，是江西入汛以来最广的一次暴雨过程。持续的低温阴雨天气对早稻栽插、分蘖和生长都产生了不利的影响，早籼稻返青时间长，分蘖速度慢。

进入 6 月以来，江西省气温仍较往年均值偏低，推迟了早籼稻的生育期，造成早籼稻有效分蘖不足，结实率下降，灌浆缓慢。6 月正值早籼稻产量形成的关键时期，而此时的暴雨洪涝灾害使部分稻田被淹没，早籼稻授粉不足，因此产量下降。

国家统计局数据显示，2010 年全国早稻总产量为 3132 万吨，比 2009 年减少了 204 万吨，减少了 6.1%。2010 年全国早稻播种面积为 8691 万亩，比 2009 年减少了 114.1 万亩，减少了 1.3%。全国早稻因播种面积下降减产 43.2 万吨，因单产下降使早籼稻减产了 160.4 万吨。早稻单产下降了 4.9%，单产下降的主要原因是早稻生长前期的低温寡照和后期洪涝灾害的影响。2010 年全国早稻单产 360.4 公斤/亩，比 2009 年减少了 18.5 公斤/亩，下降了 4.9%，主产区早稻单产全部下降，其中，江西下降了

11.1%，浙江下降了8.7%，湖北下降了4.5%。

自 测 题

一、填空题

1. 我国________的人口的主粮是稻谷。

2. 早籼稻自然生长发育过程可以分为3个阶段，分别为________、________、________。

3. 2009年我国早籼稻产量为________万吨，比上年增长________。

4. 全球第一、第二大大米出口国为________、________，全球第二大稻谷生产国为________。

5. 全球稻谷生产主要集中在________洲。

二、选择题（不定项）

1. 我国早籼稻产量前两名的省区是(　　)。

A. 湖南　　B. 江西

C. 广东　　D. 广西

2. 早籼稻主产区是(　　)。

A. 亚热带　　B. 热带

C. 暖温带　　D. 寒温带

3. 2009年早籼稻产量占稻谷的比重为(　　)。

A. 20.1%　　B. 35.1%

C. 17.1%　　D. 22.1%

4. 影响早籼稻生长的因素有(　　)。

A. 温度　　B. 光照

C. 水分　　D. 病虫害

5. 中国稻谷产量最大的省份是(　　)。

A. 湖南　　B. 江西

C. 黑龙江　　D. 江苏

参考答案

一、填空题

1. 65%
2. 营养生长期、营养生长与生殖生长并进期、生殖生长期
3. 3335.49 万吨　5.57%
4. 泰国、越南、印度
5. 亚洲

二、选择题（不定项）

1. AB　　2. AC　　3. C　　4. ABCD　　5. A

第四章 早籼稻的流通与消费

【本章要点】

本章主要介绍了早籼稻的流通和消费。通过对本章的阅读，可以加强投资者对早籼稻收购、贸易、储备、消费等环节的认识，为投资早籼稻期货做必要的知识储备。

一、早籼稻的用途和消费结构怎样？

早籼稻的用途较为广泛，包括口粮、饲料用粮、工业用粮和种子用粮等，见表 4－1、图 4－1。由于早籼稻的优质率不断提高，口感有所改进，生长期间病虫害、农药使用量都较中晚籼稻少得多，加上又比较容易“出饭”，近年来早籼稻的消费仍以口粮为主。据国家粮油信息中心测算，2007 年早籼稻口粮、饲料用粮、工业用粮、种子用粮的比例约为 67:24:7:2。从发展趋势上看，早籼稻口粮消费逐步减少，饲料用粮和工业用粮较快增长。

根据 2007 年数据，尽管早籼稻口粮消费比例较高，但只占稻谷口粮消费量的 15% 左右、占国内粮食口粮消费量的 8% 左右；早籼稻在饲料用粮，特别是工业用粮方面具有行业代表性，其占稻谷饲料用粮、工业用粮的比例分别是55%和92%左右。另外，早籼稻总消费量约占稻谷总消费量的18%、约占国内粮食总消费量的6%，因此，早籼稻只是粮食作物中一个较小的品种。

作为口粮，由于比较“出饭”，学生和民工是早籼稻最主要的消费群体。随着加工技术的改进，以早籼稻作为原料加工的蒸谷米，营养价值比较普通大米高，已经畅销中东、欧美、非洲等国际市场。

作为工业用粮，早籼稻主要用来生产米粉、啤酒、糖浆等。米粉是南方地区大众化食品之一。早籼稻脂肪含量低，直链淀粉含量高，最适合做米粉原料，生产出的米粉具有绿色环保、营养、卫生、保健、耐储存、价格低廉等优点。储存一年以上的早籼稻，水分低、出粉率高，加工出的米粉口感好、韧性大、保存时间长、不易老化。早籼米是啤酒生产中的辅助原料，可以使啤酒获得较好的物理稳定性和透明度，并提高啤酒的生产能力和降低生产成本，是仅次于米粉的以早籼稻为原料的加工产品。以早籼米为原料生产的高麦芽糖浆，又称白饴糖，是一种麦芽糖含量高、杂质少、耐温高的新型淀粉糖，在饮料、糖果、罐头、面包、糕点、果酱、乳制品、医药等方面广泛应用，可明显改善品质，提高质量，降低成本，延长保存期，调整成品口味。另外，早籼米还广泛用于生产米制系列食品，如米饼、米糕、速煮米、方便米饭、冷冻米饭等。

在南方早籼稻产区，农民也把早籼稻作为饲料来喂养家禽，有的直接用早籼稻谷，有的则是将早籼稻谷或脱壳后的糙米粉碎，再拌以青饲料或浓缩饲料后使用。

早籼稻加工后的副产品也有多种开发和利用途径：第一，米糠可以榨米糠油，其下脚料可以提炼植酸钙、谷维素、甾醇等医药产品；第二，稻壳可用于制作无毒、可自行降解的快餐盒，稻壳燃烧可以发电，稻壳灰可用于制作白碳黑和化肥；第三，碎米利用微生物发酵可用于生产富含活体有益微生物（双歧杆菌、乳酸菌）的保健功能饮料。

表 4－1　　**2006～2007 年我国早籼稻消费结构**　　单位：万吨

类　别	2006 年		2007 年	
	消费量	占比	消费量	占比
口粮[1]	2200	68.40%	2150	67.30%
饲料用粮[2]	740	23%	765	23.90%
工业用粮[3]	225	7.00%	230	7.20%
种子用粮	50	1.60%	50	1.60%
总消费	3215	100%	3195	100%

数据来源：国家粮油信息中心。1. 口粮指城镇和农村人口食用消费。2. 饲料用粮指工业饲料生产和农户散养畜禽用。损耗计算在饲用范围，不单列。3. 工业用粮指用于生产淀粉、米粉等产品。

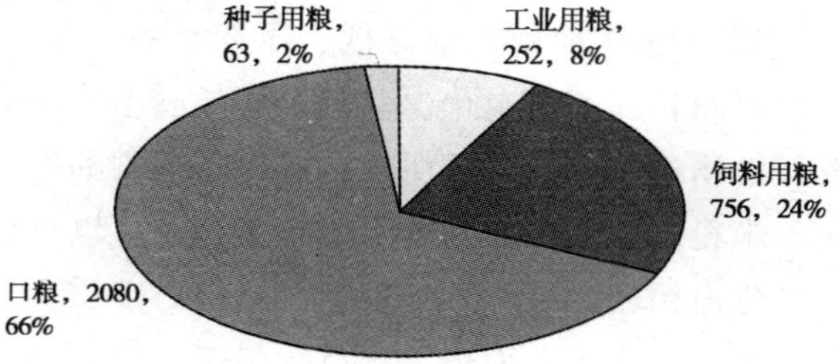

图 4－1　2007 年早籼稻消费结构（单位：万吨）

资料来源：国粮信息中心、江西瑞奇期货。

二、早籼稻是怎样流通的?

（一）流通形式

稻谷作为一种商品，在其流通过程中形态的改变主要是稻谷、大米。农民、农场种植的稻谷集中运送至粮食市场，由大米加工企业采购、加工成大米后，再分销于居民食用。简言之，稻谷的流通就是集中加工、分散销售。稻谷脱壳后可以减少运输量三分之一左右，因此，稻谷在产地加工更经济。

（二）流通通道

早籼稻产销区位明确，流向基本稳定。早籼稻主产区为长江中下游地区（湖北、湖南、安徽、江西、广西、广东等省），主销区主要为北京、天津、上海、浙江、福建、广东、广西、海南等省区市。产销区位明确，决定了必须有相当的流通数量，并且流向明确。多年来，长江中下游的湖北、湖南、安徽、江西四省输出的早籼稻主要经铁路、公路干线以及长江航线运往东南沿海及西南地区。

三、国家对早籼稻的收购、储备和轮换是怎样进行的?

国家规定，早籼稻的收购、储备和轮换由中储粮总公司及其子公司和地方储备粮公司执行。中储粮总公司规定，长江以南地区稻谷储存期限为2～3年。中央储备粮实行均衡轮换制度，每年轮换的数量一般为中央储备粮储存总量的20%～30%，轮空期最长不超过4个月，因此，中储粮的轮入轮出周期一般为3～6个月。国内储备稻谷的轮换规律一般是在上半年轮出较多，4、5、6月是各储备库的轮出期，下半年集中轮进，8月份早籼稻上市后开始补库，10月份补库结束。

早籼稻易于储藏，价格较低，是主产区稻谷储备的主要品种，早籼稻的数量占有很大的比例。一般认为，早籼稻储备量占整个稻谷储备量的一半。据估计，全国各级早籼稻储备量约占早籼稻产量的50%，即1500万吨左右，其中，湖南、江西、广西和广东的早籼稻储备量约为310万吨、355万吨、370万吨和300万吨。长江以南地区早籼稻的储存年限通常为3年，每年轮换1/3。那么每年轮换的早籼稻规模可达500万吨，轮换出的早籼稻主要用作工业用粮。一般，储存两年的早籼稻出粉率最高，生产米粉最合适，米粉用早籼稻占据早籼稻工业用粮的最大比重。

四、我国早籼稻最低收购价收购是怎么回事?

根据历年《早籼稻最低收购价执行预案》规定,在安徽、江西、湖北、湖南4个早籼稻主产区执行最低收购价的企业为:(1)中储粮总公司及其有关分公司;(2)上述4省地方储备粮公司;(3)北京、天津、上海、浙江、福建、广东、海南等7个主销区省级地方储备粮公司。为调动企业参与早籼稻收购和经营的积极性,在预案执行期间,原则上停止中央、地方储备和最低收购价库存早籼稻的大批量集中拍卖活动。据国家粮油信息中心统计,2006年、2007年我国早籼稻的商品率分别为51.09%和48.54%。据此推断,早籼稻的商品率在50%左右。

五、什么是早籼稻的经营性收购?

从2004年国家开始实行稻谷最低收购价政策,同时粮食收购市场完全放开,收购主体多元化,早籼稻收购市场竞争激烈。早籼稻收购市场竞争激烈主要表现在中储粮收购、地方储备收购、经营加工企业收购和个体粮商等多家竞争局面,部分地区还出现抢购粮源情况。经营性收购的主体包括:作为最低收购价委托收储库点的国有和国有控股粮食企业,在预案启动前和预案终止后,参与市场自主收购;非委托收储库点的其他国有和国有控股粮食企业入市收购,发挥主渠道作用;各类粮食经营、加工企业和民营、个体粮商。

国有粮站和国有粮食收储加工企业仍为市场收购主体,民营大米加工企业收购比较活跃,边收购、边加工、边销售,少数个体粮食经纪人和私营粮站也参与收购。

六、我国稻米进出口贸易状况如何?

(一)进出口以精米为主

在稻谷的国际贸易中,以稻米贸易为主,稻谷形式的贸易很少。1998

年以来，我国精米出口占稻米出口的比重每年都在93%以上，精米进口占稻米进口的比重在95%以上。

（二）我国大米以出口为主，进口量较少

1990～2008年，我国累计净出口稻米1943.5万吨。其间，我国稻米出口呈现先增后减、再增再减的趋势，1998年是出口稻米最多的一年，达374.4万吨，占世界大米总出口量的19%，随后净出口数量开始下降；2004年我国大米出口量大幅下降，较2003年减少了169万吨，减幅达67.2%；2005年大米出口量继续下降，为67.2万吨；2006年大米累计出口124万吨，同比增长84.1%；2007年大米累计出口130.5万吨；2008年大米累计出口97万吨。

与出口相比，我国大米进口量微乎其微，只占世界大米贸易量（2500万吨）的1.5%左右。由于国内稻米市场价格大幅上扬，2004年我国稻米进口量突破76万吨，是1997年以来进口量最多的一年；2005年稻米进口量略有下降，为51.4万吨；2006年进口72万吨，同比增长40.0%；2007年进口量为47万吨；2008年进口量为33万吨。大米的进口配额仅占我国大米总产量的3%～4%，加上进口大米价格一般高于国内大米价格，因此今后几年大米进口可能会有所增加，但配额很难全部实现，不会对国内大米市场产生太大影响。

1990/1991年度至2010/2011年度中国大米进出口量见图4－2。

我国进口稻米的消费地区主要是大城市和沿海发达地区，广东是进口稻米量最多的省份。此外，北京、福建、浙江和天津进口量也较大。从出口来看，主要集中在大城市和中东部主产区。东北三省是我国稻米主要出口地区，出口稻米为粳米，江西和安徽是主要的籼米出口地区。

（三）进出口国家和地区

我国稻米的出口目标国主要是非洲和不发达国家，出口稻米更多属于援助性质。与泰国、美国、越南等世界上主要的稻米出口国相比，我国稻米出口乏力，其原因有同等质量下国内市场稻米价格偏高，品质较差，也有稻米出口贸易体制不够灵活等因素。近年来，我国东北稻米向日本、韩国的出口

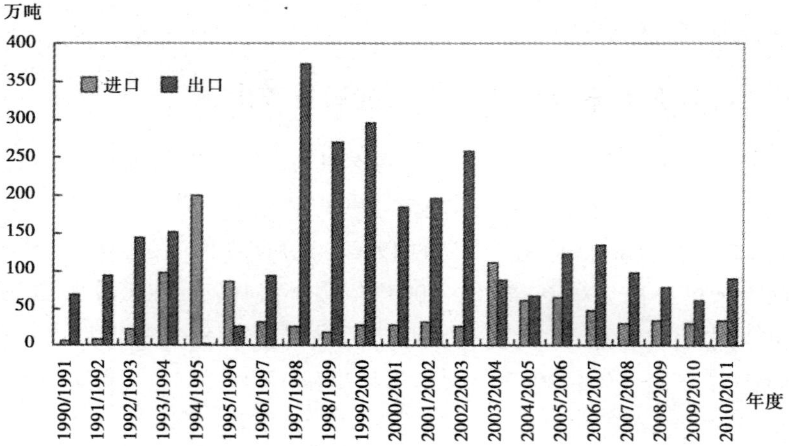

图 4－2　中国大米进出口量

数据来源：美国农业部。

有扩大的趋势，而出口到印度尼西亚、菲律宾、马来西亚等国家的稻米数量大幅度下降（见表4－2）。

我国稻米进口来源国家和地区比较单一，主要是泰国。近几年从泰国进口的稻米占我国稻米总进口的比重一直在99%以上，主要是进口香米等高质量稻米，以满足国内高端消费需求。近几年，来自越南和缅甸的大米进口量也有较大幅度增长（见表4－3）。

表4－2　　2006～2008年我国大米分国别出口数量　　单位：千吨

国家	2006年	2007年	2008年
菲律宾	25.12	0.50	0.08
印度尼西亚		0.04	0.11
朝鲜	38.60	81.04	20.08
韩国	140.17	158.95	161.72
日本	79.92	74.41	32.93
伊拉克	0.20	0.40	0.33
科特迪瓦	215.78	305.39	202.06

续表

国家	2006 年	2007 年	2008 年
古巴		73.24	—
其他	721.39	610.55	529.40
总计	1221.18	1304.52	946.72

数据来源：国家粮油信息中心。

表 4-3　2006~2008 年我国大米分国别进口数量　单位：千吨

国家	2006 年	2007 年	2008 年
泰国	678.69	438.73	286.40
越南	35.55	26.52	1.32
美国	0.00	0.11	—
缅甸	0.24	0.30	2.89
其他	4.50	4.87	4.97
总计	718.99	470.53	295.57

数据来源：国家粮油信息中心。

七、我国稻谷的供需状况如何？

稻谷的供给和需求有别于我们一般意义上说的产量与消费。供给包括期初库存、当年产量和进口，需求包括国内消费与出口。近几年来，我国稻谷供给相对宽松，需求比较稳定，年末都有一定量的结余，期末库存量在不断增加。

我国稻谷基本上是自给自足，也出口一部分，主要是支援第三世界国家。我国每年从泰国进口少量高档大米以满足高端消费需求。据国家粮油信息中心预测数据，2009/2010 年度我国稻谷产量 19510.4 万吨，其中早籼稻产量 3335.3 万吨，加上进口的 50 万吨，我国稻谷的新增供给量 19560.4 万吨。2009/2010 年度我国稻谷国内消费 18468 万吨，出口 100 万吨，稻谷新增需求就是 18568 万吨，年度结余量为 992.4 万吨（新增供给 - 新增需求）。据美国农业部数据预测，2009/2010 年度我国稻谷期末库存为 5842.9 万吨，消费量为 19188.6 万吨，库存消费比为 30.45%。2010/2011 年度中国稻谷供需平衡分析见表 4-4。

表 4－4　　2010/2011 年度中国稻谷供需平衡分析

单位：千公顷，吨/公顷，千吨

项　　目	2008/2009	2009/2010	2010/2011
	2 月估计	2 月预测	2 月预测
播种面积	29241	29627	29827
早稻面积	5708	5870	5577
中稻面积	17423	17527	17850
晚稻面积	6110	6230	6400
单位产量	6.563	6.585	6.672
早稻单产	5.535	5.682	5.616
中稻单产	7.24	7.223	7.339
晚稻单产	5.591	5.641	5.731
生产量	191897	195104	200003
进口量	363	500	500
新增供给	192260	195604	200503
食用消费	156500	159000	161500
其中大米	107985	109710	111435
其中糠麸	48515	49290	50065
饲料及损耗	15000	14000	15000
工业消费	10500	10500	11000
种用量	1180	1180	1190
年度国内消费	183180	184680	188690
出口量	990	1000	1000
年度总消费量	184170	185680	189690
年度结余	8090	9924	10812

资料来源：国家粮油信息中心。

期末库存与年度结余

期末库存是在一个库存周期结束时，可供使用或出售的货品、物资或原料的账面价值。稻谷期末库存就是稻谷库存周期结束时可供消费的稻谷总量，是一个累计的概念。而年度结余是指本年度新增供给减去总消费后的结转库存量，计入到期末库存中，是期末库存的一部分。当年度结余为负数时，期末库存下降；当年度结余为正数时，期末库存增加。年度结余是一个能很好反映本年度供给与消费关系的指标，结余量大则供给宽松，结余小则供给较为紧张。

八、我国早籼稻市场的主要特点有哪些？

从我国早籼稻的小农生产模式、产量大和国家政策干预较多来看，我国早籼稻市场的主要特点是一个“大商品、小市场”的格局，由于国家近年来启动托市政策，早籼稻库存大部分集中在国家手中，价格大幅波动减少，流通量下降，贸易企业不多。

（一）早籼稻产销区相对集中

我国早籼稻主产区在南方，湖南、江西、广西、广东、湖北、安徽、福建、浙江八省区稻谷产量约占全国早籼稻产量的80%左右。也就是说，早籼稻市场的供给是相对集中的。在消费市场方面，早籼稻主销区在东南沿海，主要早籼稻调入省份是福建和广东地区。

（二）早籼稻市场的消费结构在不断调整

作为口粮，早籼稻因为适口性较差，所占比重在不断下降，而作为工业用途的比重在不断加大。有资料显示，2007年早籼稻的口粮比重下降到66.3%，而工业比重增加到8%。

（三）我国早籼稻消费基本保持稳定

农村由于外出人员增加多、人均消费减少，早籼稻口粮留量有所下降，商品率增加。但由于我国食用大米的人口有所增加，以及用于饲料消费及工业消费的数量增加，总的消费量保持缓慢增长的趋势。

（四）优质早籼稻的比重在上升

近几年来，我国花大力气调整农产品种植结构，提高农产品质量，全国优质早籼稻种植面积不断增加，使早籼稻品种有很大改善，品质不断提高。例如，2005 年江西优质稻谷比重扩大，主要指标达到三级以上的优质早籼稻面积约 1200 万亩，占江西早籼稻面积约 58.4%，同比提高约 3 个百分点。

延伸阅读：早籼稻国内主要现货市场、价格长期图表（见图 4－3）

座落于京九大动脉和长江黄金水道交汇点的九江，有一家以稻谷交易为主的大型粮食交易市场。依托“中国谷物网”，它成立了电子现货订单交易、电子竞价交易、电子招投标交易、网上挂牌（协商）交易四大平台，这就是南方粮食交易市场。

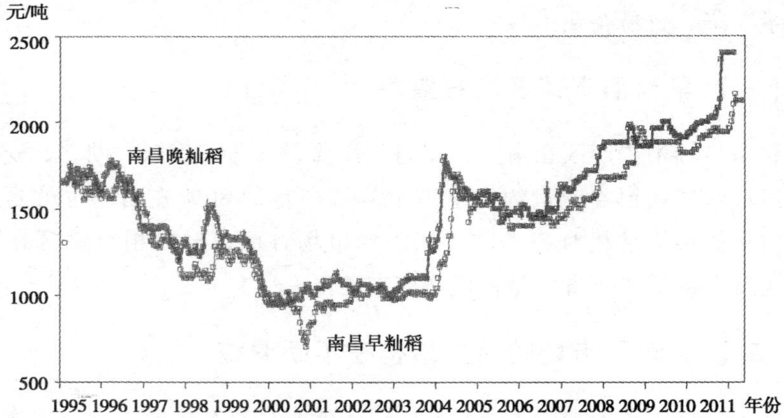

图 4－3　南昌籼稻 1995～2011 年价格走势图

资料来源：江西瑞奇期货公司。

九、全球大米出口量有多大?

2008/2009 年度，全球大米出口量 2891 万吨。除中国外，世界大米主要出口国与主要生产国基本一致。出口量最大的 5 个国家分别是泰国、越南、巴基斯坦、印度和美国（见表 4－5）。2008/2009 年度，五大主要出口国出口份量占世界大米出口总量的 80%。泰国大米和美国大米出口量分别占各自产量的一半左右。泰国作为全球最大的大米出口国，其出口的100% B级价格大米是全球大米的基准价。

表 4－5　　世界主要大米出口国出口量　　单位：万吨

年度	泰国	越南	印度	巴基斯坦	美国
2006/2007	950	452	550	284	292
2007/2008	1001	465	465	300	335
2008/2009	857	595	209	291	300
2009/2010	900	673	220	400	347
2010/2011	1000	580	250	265	355

数据来源：美国农业部。

泰国大米进口到中国成本计算

泰国100%B级大米2009年10月下旬离岸报价540美元/吨；以货物价值110%的比例投保，保费率为2‰，运费为10美元/吨，港口杂费为100元/吨，汇率为6.83，进口关税税率为9%，增值税率按13%计算。

泰国大米进口成本＝（540×110%×2‰＋540＋10）×6.83×（1＋9%）×（1＋13%）＋100≈4737元/吨。

十、全球大米消费量是多少？

稻谷经过加工后得到大米和米糠。大米是多数亚洲国家和地区人民的主食，同时也是一些食品加工业的原料；米糠中含有较多的粗脂肪、粗蛋白及无氮抽出物，可以用来榨糠油、制作糠饼等。近年来，世界大米消费逐年增加。据美国农业部报告显示，2008/2009年度全球大米消费量是43708万吨，估计2009/2010年度全球消费量是43813万吨，预计2010/2011年度全球大米消费是45228万吨（见图4－4）。

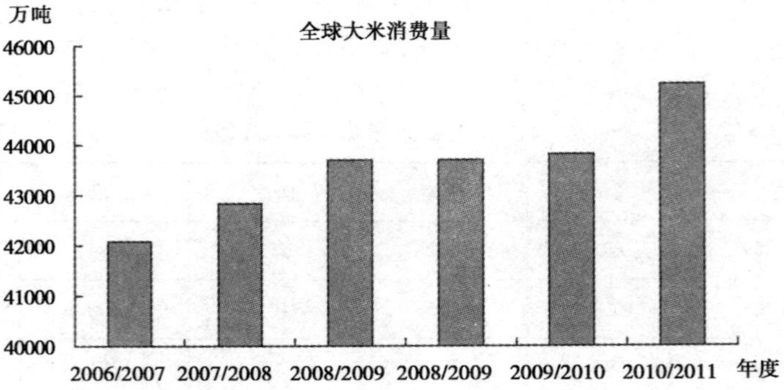

图 4－4　全球大米消费

资料来源：美国农业部。

自　测　题

一、填空题

1. 早籼稻消费结构分为四大类：口粮、种子、________、________。
2. 早籼稻主要调入省区为________、福建。
3. 早籼稻的流通形式为________、________。

二、选择题（单选）

1. 早籼稻消费结构中占比最大的是(　　)。

A. 口粮　　B. 种子

C. 饲料用粮　　D. 工业用粮

2. 早籼米每年的轮换规模大约为(　　)万吨。

A. 500　　B. 1000

C. 1500　　D. 2000

3. 中国稻米的主要进口国为(　　)。

A. 泰国　　B. 越南

C. 印度　　D. 美国

4. 国际大米基准价是以(　　)来定的。

A. 中国早籼米　　B. 美国长粒米

C. 泰国 100% B 级大米　　D. 越南 5% 破碎率大米

5. (　　)是稻谷年度结余。

A. 产量—消费　　B. 期初库存

C. 期末库存　　D. 新增供给—总需求

参考答案

一、填空题

1. 工业用粮、饲料用粮　　2. 广东　　3. 集中加工、分散销售

二、选择题（单选）

1. A　　2. A　　3. A　　4. C　　5. D

第五章 早籼稻产业链

【本章要点】

早籼稻产业链是对产业层次、产业关联度、资源加工深度和满足需求程度的形象表达。通过本章的学习，读者可以了解早籼稻产业链的概况和企业群结构，了解不同产业的企业之间的关联，以及各行业在市场中面临的风险，加深对早籼稻期货相关实体产业的认识。

一、什么是早籼稻产业链？

早籼稻产业链是从早籼稻原粮资源通过若干产业层次不断向下游产业转移直至到消费者的路径。它包含四层含义：产业链层次的表达；产业链产业关联度的表达（产业关联性越强，链条越紧密，资源配置效率也越高）；产业链资源加工深度的表达（产业链越长，表明可达到的深度越深）；产业链需求程度表达。产业链始于自然资源，止于消费市场。

围绕早籼稻资源形成的产业链，存在着上下游关系和相互价值的交换，上游环节向下游环节输送产品和服务，下游环节向上游环节反馈信息。

早籼稻工业用途较多，产业链较长，从上游的种植、收购、仓储，到中游的大米加工、销售，再到下游行业工业用粮及早籼稻的精深加工，涉及的产业包括米粉行业、食品行业、酿酒行业、淀粉糖业、油脂行业、生物质发电、生物制药及建筑材料等（见图 5－1）。

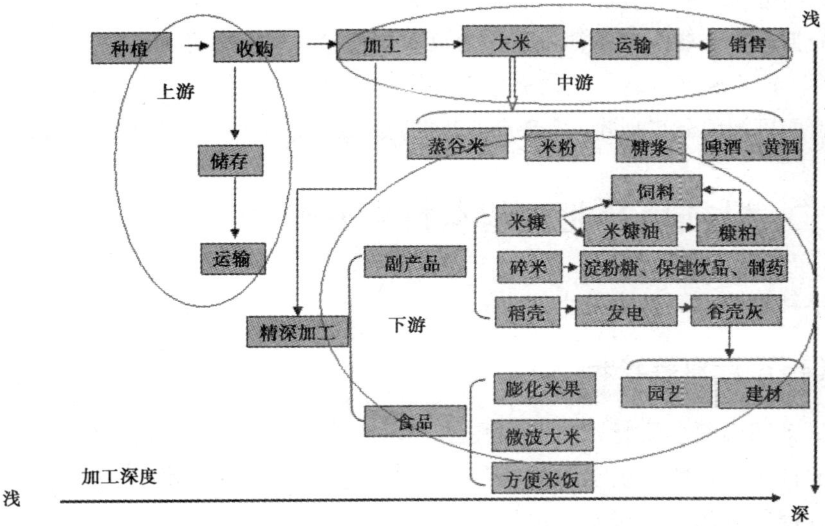

图 5－1　早籼稻产业链结构图

【案例 5－1——金佳谷物早籼稻产业链】

江西金佳谷物股份有限公司是国家级农业产业化龙头企业，在早籼稻产业链的探索发展上，组建了农业合作社，形成了以稻谷加工为核心，向稻壳发电、碎米淀粉糖、稻米油生产延伸，综合利用粮食的循环经济产业链。

金佳公司通过建立农业合作社，与广大农民签订了稻谷收购合同，涉及稻谷种植面积 10 万亩左右，实现了稻谷统一供种，同时通过分布广泛的稻谷收购站点，从源头上保证了稻谷原粮的供应及质量。在保证原粮供应的基础上，公司产业链建设规划清晰，形成了年产 18 万吨优质大米、稻壳发电 6 兆瓦、淀粉糖产能 6 万吨及稻米油产能 5000 吨的产业链。

一般情况下，籼稻加工成大米能产生的副产品成分是：20% 的稻壳；10% 的细糠；4%左右的碎米。利用这些副产品向下延伸产业链，为公司扩大收入来源及稳定收益拓展了渠道。2010年上半年自金佳电厂实现并网发电约100万度，使用稻壳1600吨。碎米生产淀粉糖转化率为90%，淀粉糖相对白糖甜度为0.46，白糖价格的大幅上涨，利用碎米生产淀粉糖替代白糖的需求增加，生产淀粉糖有利可图。稻米油是利用米糠经压榨法或浸出法制取的食用油，米糠的组成成分为油脂15%～22%，相当于大豆的含油量。稻谷全身都是宝，综合利用大米加工产生的副产品，既能提高企业经营效益，又能提高企业在市场的竞争力，发展早籼稻全产业链，实现产业化经营将是未来早籼稻市场的发展趋势。

二、早籼稻产业链基本特点有哪些?

早籼稻产业链基本特点如下：

（一）产业链较长

早籼稻因其品质特殊，工业用途多，产业链较长。早籼稻产业链包括：上游的种植、收购、贸易、储存等；中游的大米加工及销售；下游的米粉、啤酒、糖浆等的加工以及精深加工。

（二）参与主体多

早籼稻的收购、仓储、加工企业多。早籼稻八大主产省储备库数量非常多，国有企业是早籼稻收购和仓储市场的主体，是国家调控粮价的执行主体，中储粮收购的早籼稻政策性比例大，地方储备则是经营性比例达，政策性比例小。因大米加工行业进入门槛低，早籼稻主产区和主销区加工企业数量众多。

（三）地域分布不平衡

早籼稻产业链主要分布在主产区，销区则以大米和米粉加工为主，其他下游产业及精深加工基本分布在主产区。

（四）产业集中度和成熟度不同

早籼稻上游收购和仓储业及中游的加工业发展时间长、产业发展成熟，产业集中度较高，下游精深加工业刚起步，规模较小，有待发展。

（五）产业链上游、中游受政策影响大

我国口粮受政策的关注较多，上中游产业易受政策的影响。

（六）产业链中游、下游企业受价格影响大

产业链中游和下游企业市场化程度高，受价格波动的影响大。

早籼稻产业链树（见图5－2）

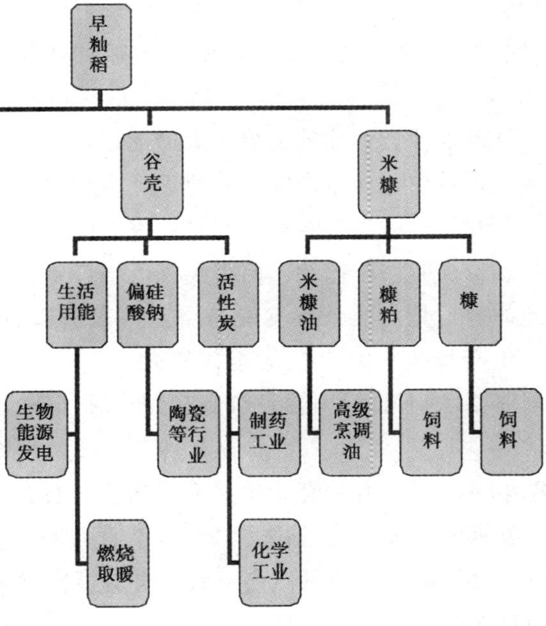

图5－2 早籼稻产业链树

三、早籼稻种植主体有哪些？

早籼稻的种植比较分散，家庭联产承包责任制的农村土地制度决定了当前我国在早籼稻种植方面以分散农户种植的主要形式。

不过近年来随着农村土地使用权流转的盛行，种粮大户的数量增多，规模不断扩大。而农业专业合作社作为新时期发展迅速的农民自发组织，是在农村家庭承包经营基础上，同类农产品的生产经营者或者同类农业生产经营服务的提供者、利用者，自愿联合、民主管理的互助性经济组织。这种组织形式迎合了“三农”发展的需求，为其成员提供农业生产资料的购买，农产品的销售、加工、运输、贮藏以及与农业生产经营有关的技术、信息等服务。随着种粮大户和农业合作社的发展，在种植规模和售粮方面，他们都有改变过去被动的格局，自主调节生产和销售的需求。

随着农业产业化的发展，大型的粮食企业发展了订单农业并建立了生产基地。订单农业和生产基地的建设，为大型粮企稳定粮源，发展产业化经营起到了积极的作用。然而，在订单农业的执行过程中，这些大型企业往往面临市场价高时农户违约，而市场价低于订单价时订单才能执行的风险。生产基地的建设是大型企业发展道路上摸索出来的新型运作模式，一般为“企业+生产基地+农户”的运作模式。企业通过生产基地来获取稳定粮源，但同时要承担风险，包括减产和粮源价格下跌等。

【案例5-2——利用期货价格发现功能，农业合作社售粮收益高】

江西某农业专业合作社2010年收获早籼稻3000吨，较2009年减少15%。面对如此严重的减产，农民自然想通过高价弥补减产损失，而且先于早籼稻上市的小麦收购价格快速上涨也使得农民对早籼稻价格的上涨预期强烈。

然而2010年7月底早籼稻上市之后，早籼稻价格平稳略涨，未能有效反映早籼稻减产带来的影响。合作社理事长付某表示不理解，未减产的小麦价格尚能快速上涨，为何早籼稻价格反倒涨幅远低于小麦。于是付某关注起近期的农业消息，得知2010年小麦价格快速上涨，国家暂停最低收购价的小麦收购了，而且2010年早籼稻最低收购价预案未能启动，这使得早籼稻市场的收购热情暂时受到压制。

付某根据自己多年的生产经验认为，如果早籼稻收割延迟一周，就会影响晚籼稻的生产，这样晚籼稻生产遭遇寒露风的几率会大幅增加，晚籼稻减产的可能性非常大。但当前迫于晚稻栽插前农资准备需要资金，付某与合作社其他成员商讨后决定先行以1940元/吨价格卖出1500吨早籼稻，满足生产的资金需求，等中晚籼稻上市时再卖出剩余的早籼稻。

2010年9月中下旬，南方籼稻主产区遭遇寒露风，中晚稻减产的预期强烈。早籼稻期货价格10月国庆节后快速上涨，其涨势出乎预料。之前已经对农业信息格外关注的付某通过电视知道了期货市场的情况，并知道期货有发现价格的功能。于是付某向当地的期货公司了解期货与现货之间的关系，并密切关注起早籼稻期货价格的动向。

2010年10月中旬以来，早籼稻期货价格受中晚籼稻减产预期的支撑及早籼稻减产的影响显现，早籼稻期货价格快速上涨。进入11月份，中晚籼稻大量上市，在价格上涨的预期下，现货市场收购呈现抢粮局面，已经进入购销淡季的早籼稻价格也水涨船高。稻谷等农产品价格的快速上涨，引起了政府重视。2010年11月，国务院出台了调控物价的“国十六条”。受到政策调控的压力，11月中下旬，早籼稻期货价格冲高回落，现货价格也趋于稳定。付某遂决定以市场价2100元/吨卖出剩余的1500吨早籼稻。通过期货市场的价格发现功能，付某所属合作社的早籼稻每吨多卖了260元，合计多收入390000元。

利用期货价格发现功能，该合作社顺利地以高价卖出早籼稻。稻谷专业合作社不仅解决了农民粮食销售难问题，还能利用期货价格发现功能为售粮提供指引，增加农民售粮收入，壮大合作社的实力，取得了良好的经济效益。

四、早籼稻市场收购主体有哪些？

早籼稻市场收购以国有企业成分重、参与竞争主体多为主要特点。收购主体包括粮食经纪人、粮管所、地方加工企业、县级收储公司、购销公司、地方储备企业、中央储备企业。其中，国有粮食收购主体，如中储粮总公司、中粮集团、中国华粮物流集团公司及其他粮食部门是国家调控粮价政策的执行主体，承担着市场稳定的职能。

早籼稻市场收购主体多，小型收储主体分布广泛，产区每个市、县均有收储公司、储备库，县按乡镇设置有粮管所、粮站，甚至配有加工厂。2006 年，湖南、江西、安徽和湖北 4 省取得早籼稻最低收购价贷款资格的企业共 1849 家；2008 年中储粮总公司在江西省指定了 206 个收储库点承担国家临时存储稻谷收购工作。早籼稻收购仍以国有粮库和购销企业为收购主渠道。2010 年，早籼稻主产省（区）各类粮食经营企业累计收购新产早籼稻 676.1 万吨，其中，国有粮食企业收购 425.8 万吨，占比 63%。

早籼稻收购市场竞争主体多，而早籼稻的集中收购期短，这就使得早籼稻上市时期易出现粮源紧张的局面，在多灾年份更容易出现抢粮的局面。在现货收购市场上，由于信息的相对闭塞，局部地区的减产可能导致该地区盲目抢购而出现价格过高的局面，这就使得收购企业可能面临早籼稻价格后期下跌的风险。

作为储备粮存储企业，中储粮总公司规定，在按规定的补贴费用标准包干后，储备企业对中央储备粮油的轮换自负盈亏。轮换产生的盈利，应主要用于改善粮食的保管及用作今后轮换的风险准备；轮换产生的亏损由企业自行承担消化。大型仓储企业面临稻谷轮出和轮入这段时期价格波动的风险，一旦价格上涨，仓储企业将面临亏损的风险。

五、早籼稻贸易企业是怎样运作的？

早籼稻贸易企业作为早籼稻产业链上的中间环节，一边连接市场，一边连接农户。随着我国粮食流通体制改革的推进以及粮食收购市场完全放开，早籼稻贸易企业在整个稻谷产业中的作用日益凸显，成为早籼稻经营活动中的一支生力军。

由于早籼稻产销区位明确，流向基本稳定，早籼稻贸易企业一般都在早籼稻上市集中期收购原粮，经过一段时间的存储后，再把早籼稻转向市场，主要形式有销区储备补库、加工企业采购等。

早籼稻贸易企业连接农民与市场两头，既承受着稻谷价格波动带来的风险，又面临着资金运转不畅的困境。早籼稻在存储过程中对仓库条件的要求比较高（如占库容量大、通风条件好、运输方便等），而长期存储还会造成一些损耗和霉变，所以存储环节既占用了大量资金，又存在潜在的额外损失。在销售环节上，如果需求疲软或者国储大量拍卖和轮出，高价收购的早籼稻将面临跌价和销售不畅的风险。

【案例5－3——贸易企业利用期货规避库存风险】

贸易企业在早籼稻市场中主要通过时间差赚取价差利润，然而正是因为时间差的存在，使得早籼稻可能面临价格下跌的风险。若收购的同时就卖出早籼稻，那就不存在风险的问题。然而，在大多数情况下，农产品的季产年销特性决定了贸易企业的当期收购量大于当期的销售量，这就使得贸易企业的库存早籼稻面临敞口风险。

金佳谷物新干购销公司是拥有一定库存的稻谷贸易企业。2009年8月该公司以1840元/吨共收购早籼稻20000吨，其中，15000吨签订了销售合同，早籼稻净库存实际有5000吨。因为2009年早籼稻启动了最低收购价预案，入市收购主体较多，推高了早籼稻收购价格，收购期结束后早籼稻价格可能走软，所以该公司决定通过期货市场对库存的早籼稻进行保值，于2009年8月20日卖出保值头寸500手，均价锁定在2100元/吨。

2009年12月份，早籼稻现货价格较为疲软，价格下跌20元/吨至1820元/吨，早籼稻期货价格跌幅较深，ER1001合约价格回落至2000元/吨附近。该企业以1820元/吨的价格签订了库存早籼稻的销售合同，同时在期货市场上买入早籼稻合约对冲空头头寸，均价是2000元/吨。

套期保值效果见表5－1。

表 5－1　　贸易企业套期保值效果

日　　期	现货市场	期货市场
2009 年 8 月 20 日	1840 元/吨收购早籼稻，形成库存 5000 吨	2100 元/吨卖出 ER1001 合约 500 手
2009 年 12 月 10 日	以 1820 元/吨均价签订销售合同	以 2000 元/吨的均价平仓 ER1001 合约
结果	－20 元/吨	＋100 元/吨

分析：该企业通过期货套期保值，虽然在现货市场上亏损了，但期货市场保值获得盈利 100 元/吨，期现货市场统一核算，多得 80 元/吨的利润

六、早籼稻加工企业的一般运作方式是怎样的？

早籼稻产业链上，大米加工企业进入门槛低，数量多，2007 年全国纳入统计的大米加工企业 7698 个，年生产能力 14666 万吨，平均产能为 1.9 万吨/个，日均加工能力 52 吨，加工规模较小。

加工早籼稻为主或常年单一加工早籼稻的企业，通常直接为啤酒厂、米粉厂、饲料厂、味精厂加工原料。由于工业生产的特点，这些加工企业一般规模较大，在收购季节会大量收购早籼稻，然后慢慢加工早籼稻。这类企业一般都有自己的仓容。一般的企业，早籼稻加工规模较小，可以采取即时收购即时加工、边收购边加工的经营方式。对于大型的早籼稻加工企业来说，稳定经营，保住市场份额是关键；对于小规模加工企业来说，抢占市场是关键。不管出于哪点考虑，企业面临的风险是不会改变的，大企业需要保护库存，规避价格下跌的风险；小企业需要获取更廉价的原粮，以低价的优势获取市场青睐，否则小企业难脱停产的命运。

七、我国早籼稻加工企业特点是什么？

（一）早籼稻加工企业数量较多

早籼稻和中晚籼稻的加工可以使用同一套设备，只是加工精度不同，而

且早籼稻加工对设备要求和精度要求较低，因此中晚籼稻加工企业都可以加工早籼稻。同时，稻谷收购企业如粮食储备库通常都有自己的大米加工厂。不过，不同的企业依原粮收购情况及下游原料需求情况加工重点有所不同，或以中晚籼稻为主，或以早籼稻为主，或单一加工早籼稻及中晚籼稻。

（二）部分早籼稻加工企业规模较大

以加工中晚籼稻为主同时加工早籼稻的企业，早籼稻加工规模一般较小；即时收购即时加工、边收购边加工的小型大米加工企业，早籼稻加工规模通常也较小。以加工早籼稻为主或常年单一加工早籼稻的企业，通常直接为啤酒厂、米粉厂、饲料厂、味精厂加工原料。由于工业生产的特点，这些加工企业一般规模较大，其中部分加工企业通常实行生产、采购、储存、加工、销售一体化的综合经营，其资金雄厚，有一定的仓容，少的数千吨，多的数万吨。这些企业在收购季节除边收购边加工外，还储存一定数量的原粮用于非收购季节加工，有的还自建了一定规模的粮源基地，如江西的金佳谷物、中粮（江西）米业等。

（三）早籼稻加工企业分布广泛

早籼稻加工企业广泛分布在各主产省和主销区。早籼稻产量越大、工业加工企业越多的省区，一般早籼稻加工企业也越多。例如，湖南省益阳兰溪是全国知名的大米加工市场，有大米加工企业240多家，其中早籼稻加工企业就有七八十家，占比将近一半。江西省新干县是“中国稻米加工强县”，有大型稻米加工企业30多家。经过几年的发展年加工能力从原来的30万吨发展到目前的200多万吨。广西米粉加工企业多，早籼稻的加工企业也相对较多。由于脱壳后运输成本较低，早籼稻一般在产区粗加工后以大米形式运往销区，销区再按照口粮及工业用粮的要求进行相应的精加工。

八、大米加工企业的发展趋势怎样？

当前，大米加工企业呈现出一些新的发展趋势：一是民营企业迅速发展，占主导地位；二是企业规模不断扩大，集约化经营发展迅速；三是龙头企业经营规模不断扩大；四是稻谷产业化经营取得成效，以龙头企业带动稻谷产业发展的格局基本形成；五是大米精深加工水平逐年提高，产业链不断延伸；六是品牌意识明显增强。

九、蒸谷米加工企业的运作是怎样的?

蒸谷米（Parboiled Rice）国际市场俗称“半熟米”，是以稻谷为原料，经清理、浸泡、蒸煮、干燥等水热处理后，再按常规稻谷碾米加工方法生产的大米制品，具有营养价值高、出饭率高、出油率高、储存期长、蒸煮时间短等特点。蒸谷米在中国还不广为人知，但在欧美、中东等区非常畅销，以健康米、绿色而著称，其全球年贸易量有500万吨左右。由于蒸谷米渗透了米皮的颜色，不像一般精白米具有洁白的外观，在国内销售量不大，国内蒸谷米主要用于出口，出口地以中东和东南亚为主，蒸谷米生产海外订单稳定，企业经营规模大，在订单确定的情况下，降低蒸谷米生产成本就是其关键所在。

国内蒸谷米生产原粮以早籼稻为主，因其订单稳定，企业在原粮采购上可以进行周密部署。一般情况下，这种企业年处理原粮40万吨左右。早籼稻集中上市期企业就要入市大量采购，只有企业高出周边其他企业报价时才能满足其用粮需求。受企业仓容所限，库存早籼稻难以满足全年生产需求。早籼稻集中收购期结束后，企业仍需在市场上寻购早籼稻，此时市场余粮不多，企业持续性采购早籼稻将引起周边地区早籼稻售价抬高，企业将面临采购成本提高的风险。

十、米粉与早籼稻有什么关联?

米粉是指以大米为原料，经浸泡、蒸煮、压条等工序制成的条状、丝状米制品，而不是词义上理解的以大米为原料研磨制成的粉状物料。米粉质地柔韧，富有弹性，水煮不糊汤，干炒不易断，配以各种菜码或汤料进行蒸煮或干炒，爽滑入味，深受广大消费者（尤其南方消费者）的喜爱。湖南、江西、广东、广西地区80%以上的人口每天都要吃米粉。

米粉品种众多，可分为排米粉、方块米粉、波纹米粉、银丝米粉、湿米粉、干米粉等。米粉主要用陈早籼米制作，1年以上的陈早籼米出粉率最高，是陈早籼稻的主要消化渠道之一。广东省米粉生产主要集中在东莞，大企业一天要加工几百吨，小企业一天加工8～10吨。加工能力在15000～20000吨/年大米的大型米粉厂估计有70～80家。广西南宁有70～80家米粉生产企业，全区则有几百家。

米粉加工企业愿意使用碎米较多、较陈的早籼稻加工的早籼稻，因为这种早籼米出粉率高。常规短粒型早籼稻因淀粉含量高、出粉率好，受到市场青睐。在早籼稻现货市场上，因陈早籼稻工业用途多，新、陈早籼稻的消费比例大概是1∶1。2009年全国米粉（米线）产量为55万吨，年生产能力106万吨。早籼稻工业用粮250万吨/年左右，米粉生产就占据了20%以上的比重，米粉生产行业的发展与早籼稻可谓息息相关。

十一、啤酒酿制与早籼稻有什么关系?

啤酒是人类最古老的酒精饮料，是水和茶之后世界上消费量排名第三的饮料。2009年，亚洲的啤酒产量约5867万升，首次超越欧洲，成为全球最大的啤酒生产地。2009年中国啤酒产量4236.38万吨，居全球首位。

据国家统计局啤酒行业数据，2006年全国累计生产啤酒3515万吨，同比增长14.20%，随着国民经济的发展，消费升级时代的到来，啤酒等以往非主流食品的消费量将得到大幅提升。我国啤酒产量从1985年的310万吨一路提升到2006年的3515万吨，年均增长率超过40%。2007年我国啤酒消费已经达到3931370万升，居全球第一位，并且增长速度达到了13.8%，创下了近10年以来最快的增长速度，远远高于全球啤酒消费量3%左右的增长速度。

啤酒生产的主料为麦芽，辅料为大米，两者使用比例为7∶3。大米淀粉含量高，浸出率也高，含油质较少。但大米淀粉的糊化温度比玉米高，因此，以大米为辅助原料酿造的啤酒色泽浅，口味清爽。大米是中国在啤酒生产过程中用量最多的辅助原料。辅料90%都使用大米，少量使用淀粉、玉米、糖浆、小麦芽等。

啤酒用大米，早米、晚米、陈米都可以，要求碎米率不能太高，越新越好。一般做啤酒米选择圆短粒早米，因为它的淀粉含量高。以燕京啤酒厂为例，其产量为400万吨/年，需16万吨大米，合早稻23万吨，也就是生产100万吨啤酒，就需要消耗5.75万吨早籼稻。国内啤酒销售价格2003年以来表现出持续上涨，单价从2003年的2.092元/升上升了到2006年的2.365元/升，3年上涨了14%，平均每年上升4.49%，主要原因之一就是成本上升，主要成本中的大麦、大米、包装物等的价格的快速上涨导致了啤酒价格的上涨。

啤酒销售半径小、地域性强，市场集中度低。青岛啤酒、华润啤酒、燕京啤酒三家已经占据了我国36%左右的市场份额，市场集中程度较低。全国大部分省市都有自己的啤酒企业，啤酒市场的竞争程度较为激烈，原料成本的不断提升，也考验着啤酒企业应对原料涨价的能力及如何把握机会突出重围。

【案例5-4——啤酒企业参与期货锁定采购成本】

南昌某啤酒生产企业年产啤酒20万吨，需要辅料大米1万吨，折合早籼稻1.45万吨，即月度使用量约为1200吨早籼稻。一般情况下，企业根据现货市场情况判断价格走势来采购，如果认为早籼米价格将上涨，则以略高于市价的价格签订全年的早籼米采购合同；如果判定全年早籼米价格比较疲弱，则采取边生产边采购的策略。

2010年5月，该公司得到早籼稻预计减产的信息，认为早籼米价格肯定会上涨，价格可能会上涨至1960~2000元/吨。随着啤酒消费旺季来临，企业希望在2010年7月购入1200吨早籼稻。2010年5月，当地早籼稻现货市场有价无市，以1900元/吨的市场报价来完成现货采购是不现实的，而且此时购入早籼稻形成的财务成本较高。当时早籼稻期货ER1107合约报价1940元/吨，这样通过期货市场完成采购就列入了公司的考虑重点。公司决定在期货市场先行买入600吨早籼稻。6月初，公司以1940元/吨的均价成交60手ER1107合约，以此对7月将进行的现货交易进行避险，锁定企业生产成本。

2010年7月，现货价格因减产出现上涨，而期货价格之前透支了减产上涨的影响，随着交割月的临近，期货价格快速向现货价格靠拢，该公司决定在期货市场增加早籼稻买入量至1200吨，买入均价为1925元/吨。到7月末，早籼稻现货上涨了60元/吨至1960元/吨，但该企业通过期货市场交割已提前锁定成本为1925元/吨，相较7月现货采购节约了35元/吨的成本，1200吨早籼稻合计节约了42000元。

十二、米糠油是怎么来的？

米糠油是由稻谷加工过程中得到的米糠用压榨法或浸出法制取的一种植物油。米糠富含油脂，含油率约为18%，除供食用外，可用于制肥皂、硬化油、甘油、硬脂酸、油酸、油漆树脂等。

稻谷除去稻壳即为糙米，糙米由米糠层（种皮）、胚及胚乳三部分组成，米糠约占糙米总重的14%。米糠的组成成分——油脂约占18%，相当于大豆的含油量，蛋白质为12%～16%。米糠榨油后的糠粕是优质饲料，比米糠要好，因其含油低，不易酸腐变质。

以前米糠的用途少，一般都作为初级饲料使用，定价极低，所以米糠油压榨原料价格低，企业获利丰厚。随着米糠油开发前景向好，米糠的需求量逐步增加，米糠的价格向其价值靠拢，定价逐步市场化。米糠油压榨企业的利润随米糠进购成本而波动，米糠价格已成本为影响米糠油压榨企业利润的重要因素，企业的采购风险敞口存在避险需要。

十三、米糠油的市场前景如何？

米糠油具有很高的营养价值。在欧美韩日等发达国家，它是一种与橄榄油齐名的健康营养油，深受高血脂、心脑血管疾患人群喜爱，并早已成为西方家庭的日常健康食用油。目前，米糠油已受到世界许多国家的关注，成为继葵花籽油、玉米胚芽油之后又一新型食用油。美国市场米糠油的零售价格达2.65～3美元/千克，远远超过大豆油、花生油等传统食用油的售价。

我国是世界上最大的稻米生产国，年产米糠量达1000万吨左右，但绝大部分还没有被作为重要油源加以利用，而被用作畜禽饲料。若将国内米糠产量的一半用于加工米糠油，则每年可得 80 万吨米糠油。虽然我国米糠油原料资源丰富，但米糠油的生产和消费还处在起步阶段。2009 年，大米加工副产品米糠 862 万吨，其中制油用占 9%，饲料用占 37%。2009 年国内米糠油产量 14 万吨左右，其发展的空间还很大。

国内随着金龙鱼稻米油的推出，米糠油受到的关注开始增加。国内食用油对外依存度较高，传统食用油价格的高企且国内食用油缺口的存在，使得米糠油的压榨前景备受关注。国内丰富的稻谷和米糠资源、倡导健康生活的方式及国内食用油缺口的存在，将为米糠油的生产拓展广阔的空间。

【案例 5－5——米糠油压榨企业降低采购成本】

米糠油脂含量高，环境温度高时，容易发热、酸败变质，所以使用时越新鲜越好，使用越快越好，夏季米糠从米厂加工出来时，存放时间最长不得超过一个星期，冬季也不得超过 15 天。因此，榨油厂原则上尽量采购新年度稻谷加工出来的优质米糠，如果因为季节原因当地市场上无法采购到新稻谷米糠时，也可以采购陈稻谷米糠。夏季采购陈稻谷米糠以 5～6 天的使用量为宜，过多则处理不及，米糠酸败会导致米糠油的食用口感不好。

基于米糠的上述特点，米糠油压榨企业是无法持有大量原料库存的，只能随行就市采购米糠，这就使得米糠油压榨企业面临原料价格上涨的敞口风险。某米糠油压榨企业困扰于原料采购的风险难于通过现货市场有效规避，2010 年开始该企业探索利用早籼稻期货来锁定原料采购成本。该企业月消耗米糠 1500 吨，基于米糠与早籼稻期货价格波动方向与波动幅度基本一致的原则，可以利用早籼稻期货进行套期保值。米糠价格约为早籼稻价格的 80%，采取价值相当的套保策略，企业计划持有期货早籼稻 14400 吨（18000×80%＝14400 吨），确立在 ER1009 合约上买入 1440 手，根据基差（现货价格－期货价格）的变动确定买入套期保值的点位，当基差大于－200元/吨时买入期货套期保值头寸。企业在现货市场完成一定的采购量时，再平出相应的套期保值头寸。当主力合约转至 ER1101 合约时，公司持有的期货头寸全部展期至 1 月合约。

十四、谷壳主要有哪些用途？

2009 年国内大米加工产生稻壳 1498 万吨，其中发电占用 4%，供热占用 29%。

谷壳发电是我国比较新的产业。目前，我国利用谷壳发电的企业还不多，不过随着国家节能减排、推广新能源政策的实施，预计将有更多的企业立项谷壳发电，因稻谷产业链的完善可为企业带来更大的效益。江西金佳谷物有 6 兆瓦的谷壳发电机组，年发电量 4200 万度，每年可节约标准煤 14 万吨，向大气少排放二氧化碳气体 4 万吨。一般，利用谷壳发 1 度电要消耗 3 斤稻壳，发电同时产生的热量还可以被其他生产车间利用，电厂的高温可以融化碎米生产淀粉糖浆。另外，国家为鼓励谷壳发电，每度电还给补贴 0.25 元。

谷壳燃烧供热是国内稻壳主要的用途之一，1 吨谷壳的燃烧值相当于 1 吨标准煤燃烧值的 1/2（1 吨标准煤燃烧值 7003 卡，1 吨谷壳燃烧值 3000～3500 卡）。谷壳燃烧后产生的谷壳灰还可以再利用。谷壳灰可以被加工生产成建筑材料和炭黑等，谷壳灰也是很好的肥料，含有大量的氮肥和钾肥，可以用其作肥料还田。谷壳炭是稻壳经闷烧而成的黑色碳状物，含有丰富的钾、磷、钙等营养元素，含钾 5%～10%，含磷 1%～4%，且肥效快。在花卉盆景的混合料中掺入一定量的谷壳碳，能促进其光合作用，利于碳水化合物的合成及植株的生长，还能防止倒伏，提高植物抵抗病虫害的能力。谷壳炭具有良好的透气性和吸水性，能够改良土壤结构，提高盆土温度。

十五、早籼稻与淀粉糖有什么关系？

淀粉糖是利用含淀粉的粮食、薯类等为原料，经过酸法、酸酶法或酶法制取的糖。麦芽糖、葡萄糖、果葡糖浆等，统称为淀粉糖。我国淀粉糖行业在 21 世纪刚起步，获得了突飞猛进的发展，2005 年淀粉糖产量 420 万吨，2010 年淀粉糖产量即达到 1000 万吨左右。

早籼稻淀粉含量高，每斤早籼稻碎米可转化成0.9斤的淀粉糖浆。谷壳发电企业可利用发电过程中产生的热量融化碎米，再经过处理形成淀粉糖浆。淀粉糖甜度为白糖的46%，随着白糖价格水涨船高，淀粉糖的替代需求明显增加。在食品领域，淀粉糖因为其独特的效用，正越来越多地应用于饮料、糕点、乳制品和糖果等行业，部分取代了蔗糖。比如，结晶果糖由于能量低，代谢不受胰岛素制约，可以供糖尿病患者食用，且不易被口腔微生物利用，对牙齿的不利影响小于蔗糖，所以被预测为21世纪代替蔗糖的新型糖源。淀粉糖在医药领域的应用也相当广泛，淀粉糖可用于生产多种产品，如抗菌素、酒精等都可用葡萄糖为原料发酵制取。

【案例5-6——淀粉糖生产企业利用早籼稻期货规避风险】

淀粉糖行业处于稻谷产业链中副产品深加工的下游，由于近年来白糖价格高涨，使得淀粉糖的替代需求明显增加。淀粉含量高的早籼稻在淀粉糖转化上的用量日渐增加。目前，淀粉糖生产企业一般会和下游企业签订淀粉糖的销售单，但处于产业链上游的早籼稻碎米收购却较为分散，淀粉糖生产有规避碎米采购敞口风险的需求。

湖南某淀粉糖生产企业是南方地区最大的稻谷精深加工企业，该公司年消化10万吨碎米用于生产淀粉糖。2010年以来，受益于糖价上涨，该公司淀粉糖的需求明显增加，淀粉糖订单量激增。在下游订单价及加工费用基本确定的情况下，该公司需要锁定碎米进购成本。2010年的稻谷市场波动剧烈，而碎米由于储存期较短，大米加工企业生产的碎米又采取即产即销的模式，因此该淀粉糖企业无法集中大规模采购和保存碎米，这样规避碎米价格的波动风险就很有必要。在现货市场上通过订单合同较难控制碎米采购风险，考虑到碎米价格与早籼稻价格的高度相关性，该企业决定利用早籼稻期货市场开展套期保值。

2010年9月下旬，早籼稻期货价格跌至2136元/吨低点，经过分析认为，碎米与早籼稻价格存在较大的上涨风险，适合买入早籼稻期货。根据品种相近原则及企业碎米库存缺口，该企业采取保守策略，决定对20000吨碎米进行保值，按碎米与早籼稻比价1:1.2计算早籼稻的买入量，买入早籼稻期货24000吨，价格控制在2160元/吨。经过10~11月的剧烈波动，早籼稻期货价格与现货价格在高位趋于稳定，大米加工量在11月以后也逐步放大，该企业加大了碎米的进购力度，并根据现货采购进度逐步平仓期货合约。该企业通过期货市场的操作，成功地规避了原料价格大幅上涨的风险。

自 测 题

一、填空题

1. 早籼稻产业链，存在着________关系和________的交换，上游环节向下游环节输送________，下游环节向上游环节________信息。

2. 早籼稻在加工早籼米过程中还会有________、________、________等副产品。

二、选择题（不定项）

1. 早籼稻产业链有(　　)。

A. 稻壳发电　　B. 稻米油

C. 淀粉糖　　D. 饲料加工

2. 早籼米的淀粉糖转化率约为(　　)。

A. 50%　　B. 60%

C. 80%　　D. 90%

3. 我国的蒸谷米生产，主要使用(　　)为原料。

A. 早籼稻　　B. 晚籼稻

C. 粳稻　　D. 糯稻

4. 米糠的出油率为(　　)。

A. 10%　　B. 15%

C. 18%　　D. 20%

三、简答题

1. 我国早籼稻产业链的主要特点是什么？

2. 早籼稻市场收购主体有哪些？

参考答案

一、填空题

1. 上下游、相互价值、产品和服务、反馈
2. 米糠、碎米、稻壳

二、选择题（不定项）

1. ABCD　　2. D　　3. A　　4. C

三、简答题

1. 产业链较长；参与主体多；地域分布不平衡；产业集中度和成熟度不同；产业链上中游受政策影响大；产业链中下游受价格影响大。

2. 粮食经纪人；粮管所；地加工企业；县级收储公司；购销公司；地方储备企业；中央储备企业。

第六章 影响早籼稻期货价格的因素

【本章要点】

本章主要围绕影响早籼稻期货价格的因素展开，通过对影响价格走势的因素分析，帮助投资者分析市场行情，同时也帮助投资者对期货市场的未来走势作出判断。

一、早籼稻供求关系对其价格有什么影响？

任何商品，供求关系对其价格变化都有影响，早籼稻价格也不例外。当早籼稻社会需求的绝对量增加，供应短缺时，其市场价格就会上涨；反之，价格必然下跌。但供求关系并非影响早籼稻价格的唯一的决定因素，除了供求关系之外，还包括价值、农产品比价关系、政策、货币价值走向、国际价格水平、货币供应量等因素。当然，最终价值是价格的决定性因素。因为上述各种因素往往是通过改变供求关系来体现的，所以，供求关系成为市场上投资者最为关心的因素。

二、天气与气候变化对早粳稻价格影响大吗？

早粳稻是农作物产品，而农作物产品的生产基本条件就是要有适宜的自然环境，俗话说“靠天吃饭”就是指这个道理。天气和气候变化具体指水稻生长期间的温度、水分、光照等天气条件改变。早粳稻生长的好坏决定了其产量的多少，从而带来供给量的变化，影响供求平衡，进而影响价格。例如，气温过低会导致早粳稻生长初期易死苗，中期易空壳和瘪谷，后期易使早粳稻生长缓慢。如果气温过高，则容易导致早粳稻结实率下降。由此可以看出，天气与气候的变化对早粳稻价格有很大的影响。早粳稻价格变化方向和幅度受天气和气候变化影响很大程度上还表现在实际天气改变与市场预期的差异上。如果有关部门和投资者及市场人士都预测未来一段时间将发生干旱和高温天气，但这段时间的实际天气却是雨水充足，温度适宜，也就是说，天气的实际状况要比预期的好，那么早粳稻价格就会下跌；反之，价格上涨。

三、季节性供求对早粳稻价格有什么影响？

作为农作物，其供给与需求具有较为明显的季节特征。早粳稻价格也受到季节性因素冲击，但要和中、晚粳稻的生产收获结合起来考虑。一般来说，早粳稻的收购价低点出现在中、晚粳稻收割期，即 10 ~ 11 月份，因为此时是全年供给压力最大的时期。相对于供给，需求在一年当中表现得比较平稳。在其他条件不变的情况下，季节性因素对早粳稻价格形成的冲击通常随着时间的推移会逐步被市场消化。通常，11 月份以后新增供给因素的压力将逐步减弱，早粳稻价格将逐步走高。在消费旺季到来时，如春节效应和农民工节后返城，需求量增加，往往出现早粳稻市场价格的季节性高点。上述季节性价格波动是一般性规律，在实际分析早粳稻价格波动时，不可预期的天气变化可能形成反季节的价格走势，如不利的天气可能使早粳稻面临减产威胁，抢购潮可能使价格高点出现在收购季节；而若天气变化有利于早粳稻生长，增产的压力可能使早粳稻价格更加疲弱。这些因素都可能令早粳稻价格产生更宽幅的波动。此外，政策的实施也可对早粳稻市场价格的季节性波动有熨平效应。

四、生产成本是价格的“铁底”吗?

生产成本包括固定成本和变动成本。当生产收入超过了生产成本时，生产者才有利可图。农业生产的固定成本包含了沉没成本，即即使不生产也已经投入且无法回收的成本。在经济学上有生产临界点的说法，即当生产获得的收入超过了变动成本并能够回收部分固定成本时，生产者就会启动生产。农村劳动力如果不能脱离农业生产，其机会成本几乎为零，农村土地流转不活跃，土地的机会成本也可以忽略。此时，在农业生产中投入劳动力及土地要素成本都可纳入到沉没成本的范畴，当生产收入超过了扣除上述要素的成本后，农民还是会启动生产。

在早籼稻的生产上，曾出现过价格跌破生产成本的时候，就是2000年早籼稻上市时期价格最低点只有660元/吨。每亩早籼稻变动成本为206元，亩产量390公斤，折合的可变成本为528元/吨，价格超过了变动成本，农民还愿意继续生产。但若加上家庭用工、土地租金等成本，2000年早籼稻总的生产成本达到了377元/亩，每吨早籼稻成本合计966元，成本比价格高出300元/吨，农民是亏钱的，但来年还是继续生产，这就是因为价格比变动成本高，农民销售早籼稻所获利润除覆盖了变动成本还能回收部分固定成本。不过按照农产品价格与下期产量的关系，当季价格过低则下季农民极有可能削减产量。当季价格决定下季的产量，当季价格过低则下季生产的动力不足，当季价格高则会刺激农民的种植热情。2000年后，我国早籼稻产量不断下滑就是因为价格过低农民削减了播种面积。

五、早籼稻的种植成本具体构成是怎样的?

早籼稻种植成本来自三大块：一是物资与服务费用；二是人工费用；三是土地租赁费用。

第一，物资与服务费用包括种子费、化肥费、机械作业费、农药费、水电排灌排涝费、农机具维修费、折旧费等。

第二，人工费用。稻谷种植属于精耕细作型的产业，需要投入一定的劳动力来管理田间生产。早籼稻生产至收获需雇工栽插和抢收等，所耗的劳动力成本应计入人工费用。

第三，土地租赁费用。随着农地机会成本的上升，大宗成片种植早籼稻的土地租赁成本也相应增加。农村土地租赁的特点为：零星土地租赁便宜，大宗土地租赁的成本则较高。

随着我国经济社会发展，要素的流动性增强，农业生产的要素成本不断提高。早籼稻种植成本中，土地成本和劳动力成本上升趋势难以逆转。近年来，早籼稻种植成本的刚性上涨为早籼稻价格提供了有力支撑。据有关方面统计，2007 年早籼稻的总成本较 2004 年上涨了 16.52%，现金成本上涨了 30.49%，总成本与现金成本 4 年来年均涨幅分别为 4.09%、7.03%。种植成本增加支撑早籼稻收购价格随之上升。

早籼稻的成本收益情况是影响农民种植积极性的主要因素之一，早籼稻成本对市场价格有一定的影响力，市场粮价过低，农民会惜售，收益情况会影响农民对下一年度的种植安排。收益增加，农民可能会增加种植面积；反之可能会减少种植面积。

六、早籼稻种植成本与收益如何测算？

这里我们计算 2008 年早籼稻的种植成本。

（一）物资与服务费用

1. 种子费：种子一般占稻谷产量的 6‰左右。也就是说，亩产 750 斤需要种子约 4.5 斤，每年种子价格会有变化，2008 年普通早籼稻种子费每亩大概 20 元。

2. 化肥费：化肥包括复合肥、尿素、钾肥和磷肥，合计 110 元/亩。

3. 机械作业费：平均每亩机耕费 50 元，机割费 60 元。

4. 农药费：早稻平均打药 2～3 次，2008 年每亩农药费用达 30 元左右。

5. 水电排灌、排涝、农机具维修 40 元左右。物资与服务费用合计 310 元/亩。

（二）人工费用

管理田间生产，每亩用工6个工作日，自身劳动力投入按照30元/日计算，则人工费用高达180元/亩。

（三）土地租赁费用

农民自留地种植一般是不计入土地成本，2008年规模较大的农田流转成本大致是150元/亩。

综上估计，自留地早籼稻生产成本大约是490元/亩，规模生产计入土地成本的总成本是640元/亩。

现金收入为早籼稻产值和国家补贴。2008年江西早籼稻平均亩产773斤，2008年8月早籼稻收购高峰期其主流收购价是0.95元/斤，则早籼稻产值为734.35元/亩，国家给农户每亩直补68元，获得现金收入802.35元/亩。

早籼稻每亩收益等于现金收入减去生产成本是162.35元/亩，即802.35－640＝162.35元/亩。相对投入和产出比来说，早籼稻生产收益不错，但是与劳动力从事其他行业的收益相比，如与赴外打工的收益相比，早籼稻生产比较收益并不高。其他行业收益的增长将影响农民早籼稻生产的积极性。

七、相关农产品的走势对早籼稻期货有什么影响？

不同商品的价格受各主要因素的影响程度不同，其价格变化幅度也各不相同，但同属农产品类的商品价格走势，在同一时间、同一市场，其比价关系往往具有一定的稳定性，这主要是因为它们之间具有可替代性。例如，与早籼稻价格相关性比较大的其他农产品主要有小麦和玉米等谷物。当小麦或玉米价格过度上涨，稻谷被作为替代品，会抑制小麦或玉米的价格涨幅。当稻谷价格上涨过多时，稻谷的部分需求会被其他谷物替代，稻谷价格受需求减少影响而下跌。小麦或玉米价格与稻谷价格比例保持在一定区间波动，通过替代需求影响其他相关农产品的价格，从而对早籼稻期货价格产生影响。

根据我国学者研究，稻谷与小麦和玉米价格之间有较强的相关性，其相关系数分别为0.9639和0.9705。早籼稻价格除了与相关农产品价格有一定比例关系，与其他不同类商品之间也会形成比价关系，这个比价关系同样也会对早籼稻期货价格产生影响。如早籼稻与以粮食为饲料的畜产品之间就存在着一定的比价关系。

八、早籼稻价格和能源有没有关系？

早籼稻与玉米、小麦并列为我国三大主要谷物农产品。在业界，早籼稻总是被拿来和玉米相比。确实，早籼稻与玉米有一些可比性，如两者的淀粉含量都非常高。在饲料方面，早籼稻在一定程度上也可替代玉米。在生物能源方面，玉米已走在了在早籼稻的前面。玉米提取的淀粉经发酵能产生酒精，并实现了规模化生产。理论上讲，早籼稻提取淀粉也可以发酵产生酒精，但由于早籼稻产量不高，只有稻谷产量的17%左右，商品量有限，而且由于国内对口粮管制比较严格，早籼稻做生物能源的概念就此搁浅了，只是理论上可行，其实际推广价值不高。

但是，早籼稻加工的副产品——稻壳，确实能与能源概念联系起来。稻壳可用来发电，而且有关数据显示2吨稻壳的热能相当于1吨标准煤。所以，稻壳作为可再生资源在一定范围内替代石化能源是符合我国生物能源转化不争地、不争粮、不争油的产业政策的，也是符合国情的。

九、国内大米与国际大米价格联动性如何？

随着全球经济一体化，国际大米与国内大米价格走势相互影响也逐渐加大。与玉米和小麦比较，大米国内外的价格联动性最高，但受供需格局、天气与政策的影响不同，国内外市场关联性常常强弱不同。有时国内稻米市场明显强于国外市场，有时又明显弱于国外市场。以全球金融危机为界，金融危机前国内市场明显弱于国外市场，金融危机后国内市场又强于国外市场走势。总体上讲，国内外大米市场相互影响，大趋势是一致的，但国内大米价格波动幅度明显小于国际市场，原因在于国内市场政策在定价方面的影响更为突出，加上进出口量的比重不高，也导致了国内外市场联系被阻隔，市场传导机制受到抑制。

从过去10年的两个市场表现看，根据学术研究结果表明，国内外稻米价格相关系数为0.88，2006年以来相关系数为0.9。玉米和小麦的相关系数则低得多，分别为0.65和0.4。

随着国内农产品期货市场功能的发挥，可以预期大米等农产品价格与国外的联系程度将进一步加深。

十、宏观经济环境变化对早籼稻期货价格有什么影响？

影响早籼稻价格最核心因素是供求关系，但宏观经济运行环境变化会对早籼稻价格产生持久、深远的影响，有时其影响也是非常直接的。一般情况下，宏观经济环境变化是通过改变供求关系来影响价格的。例如，宏观经济形势向好，国内生产总值增速加快，出口也增加，对早籼稻的消费也在增加，消费增加又促使早籼稻价格上涨；反之，早籼稻价格将会面临下跌压力。宏观经济环境变化也会影响到早籼稻种植成本，进而影响价格。如消费者物价指数（CPI）、生产者物价指数（PPI）上升，将伴随着农业生产资料价格上涨，使种植成本上升，对价格也起到了推动作用。有时，宏观经济环境变化，促使货币汇率发生变化，往往对早籼稻等农产品价格也产生非常直接的影响。1994年由于人民币大幅贬值，造成早籼稻价格短时间内非供求关系改变而引起的大幅上涨就是一例。

当然，在分析宏观经济环境对早籼稻价格有什么影响时，也要认识到，早籼稻作为农产品有其自身的周期性波动规律，其根源在于农业生产的两个特点：一是受自然条件影响大，产量会因为不可控因素而波动；二是供应的季节性。

十一、为什么在金融危机中国内早籼稻价格非常坚挺？

2008年下半年，全球性金融危机爆发，国内大宗商品市场也出现历史罕见的系统性风险，这种风险在2008年10月集中释放，整个市场可谓覆窟倾巢，农产品市场也未能幸免。在农产品中，特别是期货市场，波动最大的是油脂类商品，而国内小麦、玉米期货表现相对抗跌，跌幅远远小于油脂类，现货早籼稻也表现较为坚挺。早籼稻期货在2009年4月份上市，基本上避开了金融危机带来的影响。从早籼稻现货走势看，价格波动也很小，即使在国际大米市场价格几乎跌去一半的情况下，国内早籼稻仍在相对高位平稳运行。为什么国内早籼稻市场在国际大米市场和国内油脂大起大落的背景下，能走出独立、稳健的行情？一言以蔽之，还是稻谷市场所处的环境不同。首先，国内稻谷连年好收成，国库充盈，供应充足，这与国际市场形成了巨大反差。其次，进出口在稻谷供需平衡中的作用微乎其微，国内的供求完全可以不通过对外贸易来平衡，国际市场价格的剧烈波动很难传导到国内市场。这也说明了为什么我国谷物农产品市场在金融危机爆发后，抗跌性比油脂强得多的一个重要原因。最后一个不容忽视的原因是政策对市场的影响。在国际金融危机爆发后，我国政府及时出台了稳定粮食市场的强有力政策，如大幅提高水稻收购价，增加国家临时储备，这些措施有力地稳定了早籼稻市场。很明显，政策对我国早籼稻市场的运行具有不可替代的熨平效应。

十二、人民币汇率变动对早籼稻价格有何影响？

自2005年7月以来，人民币相对美元一直保持升值的态势，这提高了人民币在国际市场的实际购买力。

人民币升值后，一方面，在国际市场上，我国农产品用外币表示的价格将上升，相应的，出口数量也将下降，从而进一步加剧了国内农产品销售困难的问题。另一方面，在国内市场上，用本币表示的进口农产品的价格将下降，进口数量将随之上升。虽然短期内我国稻谷和大米产品进出口额都相对很小，再加上关税配额的限制作用和国内外巨大的价格差，进出口受升值的负面影响不是很大，但由于进口额较大的大豆、油菜籽和植物油等产品受升值影响进口大幅增加，压制了这些产品的价格，刺激了对大豆和植物油等产品的需要，间接地影响了国内稻谷等产品的消费，对价格形成不利影响。

人民币升值还有利于化肥的进口，抑制化肥的出口，这有利于农业生产投入品（主要是化肥、农药）供应量的上升和价格的下降。在农业的生产成本中，化肥的投入占了绝大部分，人民币的升值有利于早籼稻生产成本的下降。

所以整体来说，人民币的升值趋势是影响早籼稻的价格的利空因素。

十三、国家收储与地方收储对早籼稻期货价格的影响有多大?

我国每年早籼稻产量有3000多万吨，商品率是50%左右，也就是1500多万吨，其中有一半的早籼稻商品粮是用于储备的，占早籼稻商品量的绝对多数，对早籼稻价格影响很大。从近年来的实践看，各地的政策性储备需求已成为早籼稻的重要出路，尤其是当年上市的新粮，各地的政策性储备需求成为决定其收购价格的高低乃至短期内市场销售价格走势的最重要因素。

早籼稻期货作为新上市的品种，很多时候还是要看现货价格的“脸色”，现货价格的波动，可能在期货市场上引起千层浪。再加上交割制度的设计，交割月份期货合约价格向现货价格的回归。在早籼稻价格上扮演重要角色的收储，也会影响到早籼稻期货价格走势。

早籼稻最低收购价政策

早籼稻最低收购价政策是国家稳定市场粮价，保护种粮农民利益，促进农民增产、增收的重要举措，它是按照“有利于保护农民利益，有利于粮食安全储存，有利于监管，有利于粮食销售”的原则执行的。在早籼稻市场价格低于最低收购价格时，它要求指定收储库点可按照早籼稻最低收购价在库内挂牌收购农民交售的早籼稻。以当年生产的国标三等早籼稻为标准品，自2004年国家实行最低收购价格政策以来，到2011年，最低收购价格分别为每斤0.70元、0.77元、0.90元、0.93元和1.02元。

十四、国家农业政策对早籼稻价格的影响力有多大?

国家农业政策主要有农作物种植补贴政策、农资综合补贴政策、农作物良种补贴政策、农产品最低收购价政策和公开销售政策。以上补贴政策是对农民种粮进行直接补贴。2011 年我国农资综合补贴安排资金 835 亿元、种粮直补资金安排 151 亿元，对早籼稻价格影响较大的农业政策主要是稻谷最低收购价政策和公开销售政策。以近十年来的早籼稻价格为例，价格在惠农政策出台前后有明显变化。近十年来早籼稻价格波动较大。2000 年早籼稻价格跌落到 1000 元/吨以下，随后几年，早籼稻价格在低谷震荡，2003 年稻谷减产刺激了价格快速上涨，2004 年国家开始实行最低收购价格制度，早籼稻为 0.7 元/斤。这一政策的实行，极大地提高了农民生产的积极性，稻谷开始了丰产增收的局面，价格也开始小幅回落。2007 年后，全球粮食价格高涨，国内粮价也开始大幅走高。2008 年早稻价格涨到近 2000 元/吨历史高点后开始回落，国家实施临时收储政策，提升了价格。早籼稻 2009 年的最低收购价提升至 0.9 元/斤，为早籼稻价格制定了政策底线。之后，早籼稻价格在 1800～1900 元/吨区域平稳运行。

2005 年 11 月以来，国家有关部门组织粮食批发市场每周一次公开竞价销售最低收购价稻谷（早籼稻为主）。在新稻上市期间，全面停止储备粮的轮出，对调节市场供求、平抑和稳定稻谷市场价格发挥了明显作用。

十五、全球稻谷库存变化为什么备受市场关注?

稻谷库存就是稻谷总供给减去稻谷总需求后的余额，是研究价格主要的基本面指标。全球稻谷库存主要集中在稻谷主产国和消费国，中国的产量、消费与库存都位居世界第一。其他稻谷库存较多的国家主要有印度、菲律宾、印度尼西亚、泰国、日本和越南等。据美国农业部统计，2007 年全球稻谷期初库存为 10751 万吨，期末库存为 11085 万吨，库存增加 334 万吨；2008 年估计期初库存为 11482 万吨，期末库存为 12958 万吨，库存增加

1476 万吨；2009 年预计期初库存为 12958 万吨，期末库存为 12271 万吨，库存减少 687 万吨。

稻谷库存量的变化反映了当前市场上供给与消费的差额。库存高企，一般表明市场的供给相对宽松，需求较弱势，稻谷价格受压。以 2008 年为例，稻谷期末库存较年初增加了 1476 万吨，全球稻谷价格高位回落，泰国 100% B 级大米价格也从 1000 美元/吨回落到 550 美元/吨，并保持了较长时间的低迷。

十六、早籼米加工企业的利润状况如何？

早籼稻的消费中还是以口粮比重最大，所以企业加工早籼稻的利润对早籼稻价格还是有一定影响的。加工早籼稻利润高，则企业会加大收购力度，进而推动早籼稻价格上涨；若加工利润薄，则企业收购早籼稻的动力不足，早籼稻价格自然难于上涨。

早籼稻加工企业利润核算（理论）公式：

利润 = 大米销售收入（大米出米率 56% × 早籼米价格） - 副产品销售收入（碎米率 9% × 碎米价格 + 米糠 11% × 米糠价格 + 谷壳 21% × 谷壳价格） - 原粮采购成本 - 人工、电力、包装成本 - 税费、损耗

如以 2011 年一季度市场价为例，得加工利润 38 元/吨。

利润 = 大米销售收入（56% × 1.67 元/斤） + 副产品销售收入（9% × 1.28 元/斤 + 米糠 11% × 0.88 元/斤 + 21% × 0.15 元/斤） - 2010 年产三等早籼稻 1.10 元/斤 - 0.04 元/斤 - 0.02 元/斤 = 0.0187 元/斤

折成期货通用单位，就是加工 1 吨早籼稻的利润是 37.4 元。

自　测　题

一、填空题

1. 除了供求关系之外，影响早籼稻价格的还包括________等。

2. 天气情况的好坏会影响水稻的生长状况，从而影响产量和供需关系，进而影响价格。如果投资者和市场人士预期未来一段时间将发生干旱和高温

天气，但这段时间实际天气却是雨水充足，温度也适宜。也就是说，天气条件实际状况比预期好，那么水稻价格就会________；反之，价格________。

3. 农产品的商品价格走势，表现为同一时间、同一市场、不同农产品价格之间的比例关系往往具有一定的关联性，这主要是因为它们之间具有可替代性所致。例如，与早籼稻价格相关性比较大的其他农产品主要有________和________。

4. 稻谷库存是稻谷总供给减去稻谷总需求后的余额。世界稻谷库存主要集中在稻谷主产国和消费国，________的产量、消费与库存都位居世界第一。其他稻谷库存较多的国家主要有________、________、________、________、________和________。

二、选择题（单选）

1. 早籼稻种植成本来自三大块：一是物资与服务费用；二是人工成本；三是土地租赁费用。其中，物资和服务费用包括(　　)。

A. 种子费、化肥费、农药费

B. 种子费、化肥、农药费、雇佣劳动力的费用

C. 种子费、化肥费、农药费、水电排灌排涝费

D. 种子费、化肥、农药费、机械作业费、水电排灌排涝、农机具维修

2. 稻谷的供给和需求有别于我们一般意义上说的产量与国内消费。供给包括期初库存、当年产量和进口量，需求包括国内消费与出口量。假设2009/2010年度，稻谷期初库存6000万吨，稻谷产量20000万吨，进口60万吨；2009/2010年度，我国稻谷国内消费19000万吨，出口150万吨。那么，我国2009/2010年度稻谷的供给量和需求量分别是(　　)。

A. 26000万吨和19150万吨　　B. 26060万吨和19150万吨

C. 25940万吨和18850万吨　　D. 26000万吨和18850万吨

三、判断题

1. 早籼稻的价格不会低于生产成本。(　　)

2. 我国对早籼稻价格影响较大的农业政策主要是保护价政策。(　　)

3. 中国是全球最大的大米出口国，出口的100%B级价格大米是全球大

米的基准价。 ( )

参考答案

一、填空题

1. 天气与气候变化、季节性、种植成本

2. 下跌 上涨　　3. 小麦 玉米

4. 中国 印度 菲律宾 印度尼西亚 泰国 日本 越南

二、选择题（单选）

1. D　　2. B

三、判断题

1. ×　　2. √　　3. ×

第七章
认识早籼稻期货的投资价值

【本章要点】

早籼稻期货对投资者来说是一种投资工具，对早籼稻相关企业来说，它既是现货市场的一个补充，又是一个生产经营的风险管理工具。

一、早籼稻期货的价格代表了什么？它对哪些企业有作用？

我们知道，期货的本质是一种远期交易，是在目前条件下，买卖双方通过某一合约来确定未来价格。那么，我们可以说，早籼稻期货的远期价格并不是对目前市场供求关系的反应，而是综合现在的信息，对未来的早籼稻价格的一种判断。

因为早籼稻期货价格能反映未来的价格情况，而且公开透明，具有权威性，所以对种植稻谷的农户、做现货生意的批发和零售商、大米加工企业和饲料企业等所有使用稻谷的下游企业，他们能利用早籼稻期货及早了解未来市场信息，作出有利于自己生产经营的决策。

【案例 7-1——早籼稻期货发挥价格发现功能】

2010年是籼稻生产的多灾之年，上半年早籼稻因低温寡照和洪灾减产，下半年中晚籼稻又遭寒露风影响。自早籼稻播种以来，低温寡照天气的缠绕令早籼稻播种出现死苗烂秧、移栽推迟、返青缓慢、有效分蘖不足。6月份是决定早籼稻是否高产的关键时期，低温致使早籼稻灌浆缓慢、收获延迟，而6月底长江沿岸洪涝灾害也加剧了早稻减产。早籼稻期货价格提前反映出早籼稻减产对价格的影响，6月底早籼稻期货价格开始步入上升通道，早籼稻期货指数7月上涨4.27%。2010年7月中下旬，早籼稻现货价格高开于1920元/吨，随之小幅上涨至1960~1980元/吨。

因早籼稻收获延迟，晚籼稻栽插顺延。而2010年9月中下旬寒露风提前来袭，晚籼稻扬花授粉不足，早籼稻减产已令中晚稻增产压力增大，市场对籼稻产量的担忧在10月中旬爆发了。10月，早籼稻期货价格高歌猛进，ER1105合约迅速摆脱2150~2250元/吨的运行区间，步入新高运行区间2300~2450元/吨。随之上市的中晚籼稻价格也刷新了历史，达到2400元/吨，步入购销平淡期的早籼稻现货价格也跟涨至2100元/吨左右。

二、如何利用早籼稻期货与早籼稻现货价格差异进行投资？

早籼稻期货价格与现货价格之间存在一定的关联性。期货价格和现货价格走势趋同，但又有差异。

当期货市场与现货市场之间存在不合理价差时，众多的投资者可以通过在两个市场上进行反向交易，从而使价差趋于合理。一般来说，期货价格和现货价格之间的价差主要反映了持仓费用。但现实中，价差并不绝对等同于持仓费用。当两者出现较大的偏差时，期现套利机会就会存在。例如，当期货价格高于现货价格太多时，投资者可通过在期货市场上做空，而在现货市场上买入，进行无风险套利，随着期货市场空头力量以及现货市场上多头力量逐渐增强，期货价格与现货价格会逐渐趋于一致。反之，当期货价格低于现货价格太多时，投资者可通过在期货市场上做多，而在现货市场上做空，进行无风险套利，随着期货市场多头力量以及现货市场空头力量逐渐增强，期货价格与现货价格会逐渐趋于一致。

【案例 7－2——利用现货和期货两个市场的差异降低成本】

2010 年 3 月底以来，ER1005 合约价格不断下挫，跌破现货价格。从贸易商的角度考虑，此时在期货市场买入早籼稻形成库存是比较合理的。该企业在 1910 元/吨开始建立买入头寸，随价格走低不断买入 5 月合约头寸共计 100 手，均价 1906 元/吨，基本匹配了该公司的 1 个月的现货经营规模。

至 5 月初，早籼稻期货在周边市场看空氛围的带动下，价格一直难有起色，而现货市场上，早籼稻批发价格已经顺势上涨到了 1980 元/吨。该企业考虑了期货出库费用等，认为在期货市场交割更划算，到期获得 1000 吨三等早籼稻，再加上可确定的出库费用及运费就可顺利地采购到所需早籼稻，然后在现货市场上处理该批早籼稻，通过期现货市场的操作，该公司获得毛利 74 元/吨。

上述案例中，该企业通过在早籼稻期货市场进行交割，成功锁定了早籼稻的购买成本。早籼稻现货价格的上涨，并没有增加该企业采购早籼稻的成本，企业采购面临的价格上涨风险转移了。

三、为什么早籼稻期货上市时远期价格比现货价格高得多？

一般情况下，期货价格通常要高于现货价格，因为期货价格中要包含持仓费用。持仓费是指为拥有或保留某种商品、资产等支付的仓储费、保险费和利息等费用总和。除此之外，期货到期交割手续中所支付的手续费也是构成期货价格高于现货价格的因素之一。举例来说：假定某企业在未来 3 个月后需要某种商品，它可以有两种选择，一是立即买入 3 个月后交割的该商品的期货合约，将其持有到期，接受交割；二是立即买入该种商品的现货，将其储存 3 个月后使用。买入期货合约本身除要缴纳保证金而产生资金占用成本外，不需要更多的成本；而买入现货则必须支付从购入商品到使用商品期间的仓储费、保险费以及资金占用的利息成本。如果期货价格与现货价格相同，很显然企业都会选择在期货市场而不愿意在现货市场买入商品，这会造成买入期货合约的需求增加，现货市场的需求减少，从而使期货价格上升现货价格下降，直至期货合约的价格高出现货价格的部分与持仓费相同为止。这时企业选择在期货市场还是在现货市场买入商品是没有区别的。因此，在正向市场中，期货价格高出现货价格的部分与持仓费的大小有关，持仓费体现的是期货价格形成中的时间价值。持仓费的高低与持有商品的时间长短有关。一般来说，距离交割的期限越远，持有商品的成本就越高，期货价格高出现货价格的部分就越多。

另外，由于早籼稻期货上市时，市场投资者对通货膨胀有较高的预期，而且早籼稻是个新上市品种，交割仓库库容较紧张，企业参与较少，投机资金较多，市场预期早籼稻注册仓单比较困难，导致投机资金涌入早籼稻期货，所以出现远期合约价格远高于近期合约价格、近期合约价格又远高于现货价格的现象。早籼稻期货上市一段时间后，随着市场对其慢慢了解，企业参与的积极性提高，注册仓单逐渐增多，远期合约和近期合约的差价减少，近期合约价格和现货价格逐渐吻合。

四、早籼稻期货市场的投资主体怎样参与期货?

早籼稻期货是2009年4月20日上市的新品种，目前期货市场参与的主体还不是很多。据了解，早籼稻期货市场的参与主体有大米加工企业、饲料加工企业、贸易商、粮食储备库、投资公司以及一般投资者等。

一般投资者通常做短线交易，而投资公司等参与期现套利和跨商品套利的较多，大米加工、饲料加工和贸易商等粮食相关现货企业则以套期保值为主。这些投资主体的参与，一定程度上活跃了早籼稻期货市场。

随着早籼稻期货市场的完善发展，早籼稻期货的价值开始发挥出来。早籼稻期货的价格发现功能和规避风险功能已经过实践的检验。早籼稻期货对其产业链上的投资主体也将更具吸引力，早籼稻作为工业用途广泛的稻谷品种，其产业链较长，怎样保持企业在产业链上生产的安全及保持经营的稳定，借助早籼稻期货就很有必要了。如啤酒、味精、饲料加工企业，淀粉生产企业，米粉米面类生产企业就可以参与到早籼稻期货中来。早籼稻产业链企业可划分为上、中、下游企业，处于产业链不同阶段的企业可有不同的操作策略。

【案例7－3——大型粮油综合企业利用期货市场开展的避险操作实践】

江西某大型粮油综合企业是以稻谷加工为核心的集粮食生产、收购、仓储、销售及副产品深加工综合利用的粮食循环经济产业链企业，也是全国重点农业产业化龙头企业。该企业一直致力于“从农田到餐桌”完整产业链的建设，稳健经营是企业发展的根本理念。该企业参与期货市场已经有一段时间了，对期货市场也有较深认识。多年来参与期货交易的经验，为企业的稳定经营作出了贡献。

该企业开展套期保值涉及的品种不仅有早籼稻，还有小麦和菜籽油、豆油，甚至白糖。在整个产业链的循环过程中，该企业所面临的市场风险主要表现在原料采购和产成品销售以及储备粮油轮换作业时的市场价格波动风险。表7－1是该企业加工、生产和轮换过程中风险与套期保值对应表。

表7－1　企业加工、生产和轮换过程中风险与套期保值

产业层次	大米加工 面粉加工	淀粉糖生产 稻米油生产	仓储业
与期货品种套保关系	消费型	生产型	贸易型
风险	原料价格上涨	产品销售 价格下跌	轮入时上涨 轮出时下跌
保值类型	买入套保为主	卖出套保为主	买入或卖出保值
期货操作 相关品种	早籼稻、强麦	白糖、豆油或菜籽油	早籼稻 菜籽油

由于淀粉糖和稻米油生产所需要的原料为碎米和米糠，都属大米加工的附产品，在企业内部供应相对有保障，故没有纳入到套期保值操作范畴。自公司开展粮食期货套期保值业务以来，先后利用小麦、早籼稻和菜籽油期货避险操作，获得了较为满意的效果。本案例仅以与本书有关的早籼稻为例做说明。

作为一家大型现代化粮油加工企业，如何保证稻谷原粮的顺利采购和控制成本及规避库存风险成为企业生产经营中头等重要的事情。由于稻米加工利润微薄，除了采购成本，在保有大量原粮库存时，企业同时又面临着市场价格下跌的风险。

1. 早籼稻买入套期保值（发生时间是2010年6月底~8月）。2010年6月份新粮上市前，该企业根据对生产形势的判断，认为早籼稻受低温寡照灾害及洪涝灾害的影响，单产可能下降。另外，当时通货膨胀压力较大，小麦收购的示范效应又在前面，所以，该企业凭借对稻谷市场多年经验，认为早籼稻收购价格高开高走的可能性较大。每年公司的早稻收购量较大，为了保证收购的顺利开展，防范新早稻价格上涨带来的原粮采购成本上升风险，公司遂于6月底7月初买入早籼稻期货ER1101合约3000手，锁定采购成本。新粮上市后，由于企业在期货市场已经采取套期保值策略，敢于合理加价收购早籼稻，保证了企业的收购进度。随着早稻现货收购进度达到预期量，期货和现货价格均上涨，企业逐步将早籼稻期货平仓了结。结果期货市场上的盈利有效地弥补了企业在现货收购上的损失，在保证收购量的同时，成本得到了控制，在当地还树立起大公司的形象。

2. 卖出套期保值，规避库存风险（发生时间是2009年4月~2009年8月）。某企业为稻谷加工企业，本为天然的买入套期保值企业，但为什么要做卖出套期保值？2009年4月20日，早籼稻期货上市，而早在上市之前，公司与期货代理机构对于期货价格定位及未来（2009/2010年度）的早籼稻市场波动区间作了精细的测算和充分的市场研究，并对早籼稻上市现货收购价作了较为准确的判断，准备采取不同的策略：ER0909合约如果价格在1900~1960元/吨为套期保值买入区间，在1960~2020元/吨之间为无操作价值区间，其价格在2030元/吨以上时就进入套期保值卖出区间。而在现货市场，由于该公司2009年大米加工能力已达10万吨水平，而在早籼稻上市之际，必须收到5万吨的原粮以保证其加工能力的实现。公司担心早籼稻收购价会逐步上升，所以只要ER0909合约价格在1900~1960元/吨区间，就立即进行买入保值操作。如价格已高于买入套期保值操作区间，那么买入套期保值就没有意义。4月20日，早籼稻期价到达2050元/吨，这样的价格水平，即使担心粮价上涨，也无法在期货上买入保值。经过大量研究，该公司投资小组认为2009/2010年的粳稻市场“承压运行”格局不会变，又由于该公司在7月初开始的早粳稻收购过程中价格定位合适，农民卖粮涌跃，为了兑现对农民的承诺，收购量大增，稻谷原料的库存水平偏大。公司认为，库存资产需要适当保值，而在基差达到-200元/吨时，进行卖期保值，以降低原料库存过大带来的风险是可行的。

五、早粳稻贸易商在期货操作上的双向交易是什么？和现货有何区别？

贸易商在现货市场赚钱有两种情况：第一种，当贸易商对早粳稻的行情看涨时，先会大量买进，待价格上涨后然后卖出；第二种，当贸易商认为早粳稻的行情会下跌时，先会从别人那里借来货物在市场上抛售，待价格下跌后再用低价买回货物还给别人。这样的先买后卖和先卖后买的两种交易行为，如果在期货市场实施，我们称为双向交易。

我们知道，如果现货市场的参与者都认为将来早粳稻行情在短时期内会大幅度上涨，那么现货市场就会连续几天出现有价无市的现象，几天后贸易商才能以较高的价格买到足够的货物。而期货市场不同，由于有众多的投机者参与，市场的流动性很好，相对现货市场，每天都有大量的成交，贸易商能及时地以合理的成交价格买到货物，这对于企业生产经营有很大的益处。

【案例7-4——规避大米进口风险——卖出套期保值】

某贸易商主要经营大米的进口贸易。2009年11月起泰国大米价格在菲律宾大米进口招标会的带动下节节攀升，月度涨幅超过20%。该贸易商一方面担心若价格继续走高，大米进口成本攀升恐令盈利空间缩水，一方面又担心价格虽在快速上涨但基础并不牢靠，签订进口合同到大米发运国内的时间差内存在价格下跌的风险。该企业进退两难，此时，早粳稻期货上市已过半年并趋于成熟，该企业遂决定利用早粳稻期货市场做卖出套期保值，同时签订大米进口合同。

该贸易商2009年12月11日签订100%B级大米进口合同5000吨，价格是600美元/吨（折合人民币4098元/吨），发货时间是1月28日，签订合同的同时在期货市场上以 2140 元/吨卖出 500 张 ER1005 合约。到了 1 月底，泰国大米价格下挫至 580 美元/吨（3962 元/吨），该企业按市价在国内市场出售泰国大米，同时在期货市场买入平仓，了结空头头寸。具体操作见表7－2。

表 7－2 卖出套期保值

日期	现货市场	期货市场
2009 年 12 月 11 日	买入 5000 吨大米，价格 600 美元/吨	卖出早籼稻 5 月合约 500 手，价格 2140 元/吨
2010 年 2 月 1 日	大米价格跌至 580 美元/吨	以 2035 元/吨价格平仓
套保效果	现货市场亏损 20 美元/吨，折合人民币 136 元/吨	期货市场盈利 105 元/吨

虽然该贸易商在期货市场卖出套期保值没能完全规避掉风险，但是通过在期货市场的套期保值，企业还是很好地规避了价格下跌的大部分风险。比之现货市场风险的完全敞口，进口贸易企业在探索利用国内期货市场套期保值方面迈出了成功的一步，规避了大米价格的部分风险，也为以后利用期货市场套期保值积累了经验。

六、早籼稻企业为什么要利用期货市场？对企业的生产经营有什么指导作用？

2006 年以来，稻谷实行国家托市收购，主产省的大多数国有粮食企业只需要进行收购和保管，无需承担经营盈亏，无需担心价格波动。但 2008 年的金融危机仍然使相当多的企业，尤其是早籼稻生产、贸易及加工企业受到了冲击。

2008 年初，南昌地区早籼稻现货价格 1680 元/吨，早籼米现货价格 2500 元/吨。到 2008 年 8 月新早籼稻上市收购时，早籼稻现货价格上涨到 1940 元/吨，比年初大幅上涨 260 元/吨，而早籼米现货价格 2650 元/吨，只比年初上涨 150 元/吨，大米加工企业出现亏损。这种企业客观上就有参与早籼稻期货套期保值、规避风险的需求。

传统的粮食经营无非是一购一销，被市场左右，风险非常大。2008 年 8、9 月间，由于国家提高早籼稻托市价格，导致粮食企业认为早籼稻价格将持续大幅上涨，纷纷抢购，价格达到 1940 元/吨。但此后不久，收购价格一路下滑，到 2009 年初跌至 1840 元/吨。由于缺乏判断市场的工具，粮食企业很容易因判断失误而面临巨大风险。

早籼稻期货上市了，这种情况就发生了变化。由于早籼稻期货价格提供了权威的价格信号，粮食企业可以将早籼稻期货价格的变化作为判断市场的重要参考，来提高企业的经营能力和竞争能力。

比如，当看到早籼稻期货市场处于牛市时，粮食企业可以在原计划买入数量的基础上加大现货采购量，同时在期货上做买入套期保值；早籼稻期货处于熊市时，粮食企业就可以在原计划数量基础上减少现货采购量，在期货市场的买入套期保值也相应减少。

也就是说，粮食企业可以利用期货市场的两大功能为企业服务：一是跟踪期货价格走势，通过分析期货市场反映出的信息为企业的现货经营提供决策支持；二是进行套期保值操作，规避现货价格风险。

七、大米加工商如何利用期货市场对冲价格风险？

为了发展农业产业化，解决农民卖粮难、卖价低的问题，同时也为了使自己的原料供应有保障，一些涉农企业开始尝试“龙头企业 + 农户”的订单农业模式。这种模式的特点是：农户与企业签订订单，约定早籼稻上市时，企业以市场的价格收购农户手中的早籼稻。但这种模式在实践中常遇到困难，主要原因是这种模式中的订单履约率没有保障，难以实现双赢。因为当市场行情上涨，超过原来预定收购价时，农户不愿把手中的早籼稻交给企业，而企业又没有办法约束。而当市场行情大幅度下跌时，企业由于担心经营亏损，不愿按原收购价从农户手中收购。由于当时缺乏风险管理工具，使得这种订单农业模式难以扩展。

2009 年第二季度，正值早籼稻播种之际，4 月 20 日早籼稻期货在郑州商品交易所上市，某涉农企业根据期货价格和当时现货市场的价格开始制订经营方案（见表7－3）：

表7－3　　某涉农企业在现货和期货市场上的操作

	现货市场	期货市场
2009年6月20日	早籼稻现货价格1900元/吨，该企业和农户签订10000吨的收购合同，交货期为8月中上旬，并承诺交货时以高于市场收购价20元/吨收购	早籼稻ER0909合约价格2052元/吨，该企业以2052元/吨的价格卖出ER0909合约1000手
2009年8月24日	早籼稻市场收购价1820元/吨，该企业以1840元/吨收购	该企业把1000手的ER0909合约陆续平仓，平均价格1972元/吨
效果	农户在收获前以高于市场价格售出早籼稻，此时农民就如同“点价”，升水有保障，可以安心田间管理，销售不愁。该企业虽然签订的收购价比现货价高，但保证了加工大米的来源，同时在期货市场以较高的价格卖出套期保值，规避了早籼稻价格下跌的风险，最终现货收购多付出20元/吨，但期货市场盈利80元/吨，相抵还盈利60元/吨，实际降低了企业的收购成本	

以高于当时现货市场的价格和农户签订2009年8月收割的早籼稻，又在期货市场卖出早籼稻9月份期货合约。由于早籼稻9月份交割的合约价格远高于现货市场价格，不管后期现货价格是否下跌和上涨，该企业都已锁定利润。

到2009年8月中下旬，虽然早籼稻现货价格上涨，和签订订单时价格相同，但农户获得了比当时现货价格更高的卖价，企业也稳定了粮源供应，建立了企业与农户的产销关系，取得了双赢的效果，为今后扩大双方的规模奠定了基础。

【案例7－5——保证加工原料的量和价格——买入保值】

江西省某大型大米加工企业，具备年加工20万吨稻谷的生产能力，同时在产品综合利用上也达到很高的水平。其大米销售主要面向海外市场。该企业生产主要原料为早籼稻和晚籼稻。由于该企业的加工规模和稳定的海外订单较大，为保证原料的供应和控制采购成本，该企业在环鄱阳湖地区构建了100万亩水稻生产基地，实施“公司＋基地＋标准化”的模式，对种粮实行标准化管理。统一供应良种、统一技术指导、统一供应环保农药化肥、统一收购储存。同时，该企业还与江西省十余家农场建立了产销联合的关系。收购的早籼稻统一精深加工，统一销售。但这些举措仍不能完全满足企业生产所需原粮，而且若早籼稻价格上涨，该公司订立的早籼稻收购合同仍有违约的风险，怎样规避原粮价格上涨带来的风险就需要借助期货市场套期保值业务了。该企业在早籼稻期货市场上买入套期保值的具体操作见表 7 - 4。

表 7 - 4 买入套期保值

时间	现货市场	期货市场	基差
2009 年 5 月 15 日	1900 元/吨	2035 元/吨买入 500 手	-135 元/吨
2009 年 8 月 15 日	早籼稻上市，收购 5000 吨，价格为 1855 元/吨	1975 元/吨卖出平仓 500 手	-120 元/吨
盈亏	现货少付 22.5 万元	期货亏损 30 万元	基差走强 15 元/吨
套期保值效果	8 月份由于基差走强，企业以 1855 元/吨价格收购早籼稻，相比 5 月份收购节省资金 22.5 万元，期货平仓产生亏损 30 万元		

2009 年 5 月，也是早籼稻期货上市 1 个月后，该企业的期货部门认真分析了我国稻谷市场的未来走势，决定开展买入保值业务。在制订了周详的套期保值计划后，即在早籼稻 ER0909 合约上买入 500 手期货，保证金比例为 10%，每手手续费按 5 元收取。等到 8 月中旬，早籼稻新稻上市之际，从现货市场收购早籼稻，再将持有的 500 手早籼稻卖出平仓，卖出均价 1975 元/吨，手续费 5 元/手。

套期保值效果分析：在制订本套期保值计划时，企业认为，尽管 5 月现货价格适中，但企业资金较为紧张，仓库库容也不宽裕，考虑到 9 月份上市时有一定上涨的可能性，所以从优化资金和现货仓储资源角度出发，决定到 8 月份再收购新粮较为合适。

从期现市场的盈亏情况看，表面上企业是亏损 7.5 万元，但从节约财务费用来考虑，可减少 850 万元的资金投入，由此节约的 3 个月利息支出大约是 10 万元，这还没有算节约的仓储费用。更根本的一点是，该企业回避了未来稻谷价格上涨带来的风险，确保了出口订单和贸易利润没有因早籼稻价格波动而产生损失。

买入套期保值的会计处理

买入期货合约时的会计分录：

借：购入期货合约	1 017 500	
贷：期货交易清算		1 017 500
借：资本公积——套期损益（手续费）	2 500	
贷：银行存款		2 500

3 个月后购入现货的会计分录：

借：库存商品	9 275 000	
贷：银行存款		9 275 000

记录价格变化以及卖出期货合约、交纳手续费的会计分录：

借：期货交易清算	987 500	
贷：卖出期货合约		987 500
借：资本公积——套期损益	300 000	
贷：期货保证金		300 000
借：资本公积——套期损益	2 500	
贷：银行存款		2 500

冲销期货合约及记录手续费的会计分录：

借：卖出期货合约	987 500	
期货交易清算	300 000	
贷：购入期货合约		1 287 500
借：库存商品	305 000	
贷：资本公积——套期损益		305 000

以上会计处理的结果为：由于期货价格下降，该经销商又追加了保证金 300 000 元，又由于支付了 5 000 元的手续费，该项期货交易的损失合计为 305 000 元，此结果导致该经销商实际记入购买早籼稻的成本为 9 580 000 元（9 275 000 + 305 000），即早籼稻价格为1 916元/吨。

八、早籼稻仓储企业是否可以参与期货市场对冲？

无论什么性质的粮食仓储企业，除了要保证储粮安全外，储粮的动态管理是一项挑战性业务，利用稻谷期货市场的价格发现机制与套期保值机制，进行粮食收购，能冲抵粮食储备的轮换风险，可以很好地解决长期以来储备粮经营单位备受困扰的轮换风险问题。以早籼稻为主要储粮的南方粮食储备企业，可借助早籼稻期货市场这个平台以实现早籼稻库存轮换模式的创新。

具体来说，如果企业打算未来几个月对早籼稻进行轮换处理，就可以通过期货市场卖出近月合约，买进远月合约以实现轮换风险的控制。只要远月合约相对于近月合约贴水或认为远月升水处于合理水平时，就可以操作。

【案例 7－6——仓储企业锁定利润——卖期保值】

稻谷季产年销的特点以及粮食储备的现状，决定了稻谷的上市时期也是稻谷大量收购的时期，收购企业往往会形成比较大的库存。为了避免收储企业库存期稻谷价格下跌的风险，可以选择在期货市场做卖出套期保值。

南方某粮食仓储企业的主要库存品种是早籼稻。由于 2009 年全国大规模的粮食清仓查库工作，该库的 20000 吨早籼稻没有办法按照原计划于 5 月份在现货市场出售，只能推迟到 7、8 月份集中销售。5 月份早籼稻现货价格为 1880 元/吨，企业担心早籼稻价格因 7、8 月份时新稻大量上市，造成供给短期内大量增加，使得价格回落。当时 ER0909 合约价格在 2040 元/吨左右，根据对期货、现货市场的分析，该企业果断决定在期货市场卖出 2000 张 9 月合约进行套期保值，锁定经营利润。到 8 月初，该企业以 1800 元/吨价格将现货全部处理完毕，同时在期货市场以 1960 元/吨平掉空头头寸。该企业通过早籼稻期货套期保值（见表 7－5），成功地规避了现货价格下跌造成企业经营利润下降的风险，同时为新年度早籼稻收购腾出了足够的库容，期货市场为企业生产经营的连续性和稳定性提供了有效的金融支持。

表 7－5　　卖出套期保值

	现货市场	期货市场
5 月 12 日	早籼稻价格为 1880 元/吨	卖出 2000 手 9 月合约，价格 2040 元/吨
8 月 12 日	以 1800 元/吨的价格卖出 20000 吨早籼稻	以 1960 元/吨的均价平掉早籼稻 9 月合约空头持仓
套期保值结果	现货亏损 160 万元	期货平仓获利，2000 × 10 × 80 = 160 万元

现货价格与期货价格均下跌，现货价格的下降幅度刚好和期货市场的价格下降幅度相等，从而使得企业在现货市场的亏损刚好可以用期货市场的盈利弥补。当然，套期保值并不一定就是期现市场的盈亏刚好互补，也可能存在现货价格的下降幅度小于期货价格的下降幅度，那么此时企业套期保值综合效果是盈利的；反之，现货价格下降幅度大于期货价格的下降幅度，那么期现市场总体来说是亏损的，不过相比现货单方面的亏损，此时的亏损因期货市场的盈利可以部分被弥补。

【案例 7－7——仓储企业利用期货不同月份合约进行轮储】

南方某粮食仓储企业的早籼稻库存占总库存的 55%。2010 年 4 月该企业计划在 3 个月后的 7 月份开始对早籼稻进行轮换。由于期货早籼稻期货合约标的物质量要求与国家标准一致，该粮食仓储企业持有的期货合约均可选择实物交割或对冲了结。假定，7 月份早籼稻合约价为 1980 元/吨，9 月份的合约价为 2005 元/吨，远期升水 25 元/吨。而企业经市场分析认为按 7 月早籼稻合约价 1980 元/吨轮出合适，远月升水亦在可接受的范围，遂在期货市场卖出 7 月期货合约，同时买进 9 月期货合约。该企业通过期货交易同时卖出和买进相对于需要轮出数量的 7 月早籼稻期货合约和轮进数量的 9 月早籼稻期货合约。到了 7 月中旬，企业将 7 月期货合约选择了实物交割，锁定了轮出价格，将 9 月的期货合约选择对冲了结。到了 8 月份，假定 9 月合约价格为 2020 元/吨，该企业认为早籼稻现货市场形势明朗，逐渐将 9 月的多头头寸平仓，同时在现货上敲定直接收购或委托收购价格，入库成本为 2000 元/吨。结果，该企业在早稻现货市场上轮出价格低于轮入价格，产生了 20 元/吨的损失，但借助期货市场操作有 15 元/吨利润作为补偿，实际损失 5 元/吨，完全在轮换费用范围之内。在实际期货操作过程中，是否选择交割或对冲，还可根据期货的流动性和早籼稻注册仓单构成来决定。

九、稻谷贸易流通企业规避价格风险时，应该如何利用期货市场？

粮食贸易流通企业在价格波动方面有双重风险，第一种就是在没有稻谷库存或库存较低时和下游企业签订了销售合同，第二种就是稻谷收购过多或库存较高，还没有和下游企业签订销售合同。

第一种情况企业将面临价格暴涨的风险，第二种情况企业将面临价格下跌的风险。企业一旦碰到这些风险情况，将出现巨额亏损的可能。

【案例 7-8——稻谷贸易企业可以利用期货市场做贸易】

某贸易流通企业在日常经营中，利用现货与期货价格的变动，经过成本利润测算，进行套期保值，锁定利润。这家企业现货有买有卖，套期保值方式灵活多变。该企业先在一个合约持有买单，又在另一个合约持有卖单，同时进行保值。比如在 ER0909 合约上以 2052 元/吨进行卖出保值，同时在 ER1001 合约期价跌破 2000 元/吨时持有买入保值。

企业还可利用交割管理库存：从农户手中收购早籼稻后，将其中暂时未卖的一部分早籼稻注册成仓单进行交割，将库存风险转移给期货市场，由期货市场承担仓储费及资金利息，随后在后续交割月份陆续买回，节约了该部分费用。期货完全可以作为现货经营的一个工具，为现货服务。如果价格不涨，买回很合适，则节约了费用；如果价格上涨，涨幅超过了现货则平仓，涨幅小于现货就选择交割。

十、饲料生产企业在采购环节和库存期间能利用早籼稻期货市场吗？

早籼稻主要在每年的 8 月份大量上市，由于近年来国家启动托市收购，进入 11 月份后饲料企业就很难买到比价相对便宜、一定数量的早籼稻了。所以饲料生产企业往往要在 8～9 月份大量收购足够的早籼稻储存起来，以应付需要，但这既占用了资金和利息，还要支付不菲的仓储费，而且还担心现货价格的下跌。

有了早籼稻期货市场，饲料生产企业就可以把其中暂时不用的一部分早籼稻做期货套期保值，避免现货价格下跌带来的损失；或者把一部分早籼稻注册成仓单进行交割，将库存风险转移给期货市场，由期货市场承担仓储费及资金利息，随后在后续月份陆续买回，节约部分费用。

【案例7-9——饲料企业锁定成本——买入套期保值】

某饲料企业计划在5月份购入1000吨早籼稻用以饲料加工。当前市场上，早籼稻现货批发价格有不断走强的趋势，如果签订现货购销合同只能定期但不能定价，这样会使企业面临价格上涨的风险。如果现在就按市价购入早籼稻，企业现金流又较紧张，后续经营的安排将非常被动。该企业领导了解到可以通过郑州商品交易所的早籼稻期货在5月份获得一批早籼稻，并且采取的是保证金交易，有利于企业资金的流动且完全符合企业的利益，便考虑在早籼稻期货市场买入套期保值。

2010年4月21日，该企业所在地区的早籼稻现货价格1940元/吨，期货市场5月合约价格为1906元/吨，企业综合考虑了各方面因素，决定在期货市场买入套期保值。如果期现货价格同步上涨，那么企业就可以在期货市场平仓，在现货市场购入早籼稻。若期货市场价格涨幅小于现货市场涨幅，那么可以选择在期货市场买入交割，达到锁定采购成本的目的。

至5月初，早籼稻期货在周边市场看空氛围的带动下，价格一直难有起色，而现货市场上，早籼稻批发价格已经顺势上涨到了1980元/吨，该企业遂决定在期货市场交割，不用在现货市场购入早籼稻，而且该企业能做到以5月份合约的买入价格1960元/吨按时保证获得1000吨三等早籼稻。

上述案例中，该企业通过在早籼稻期货市场上进行交割，成功锁定了早籼稻的购买成本。早籼稻现货价格的上涨，并没有增加该企业采购早籼稻的成本，企业采购面临的风险完全转移出来了。

十一、如何理解早籼稻期货套期保值的风险?

套期保值一词来自英文词汇“hedge”，有篱笆、栏栅之意，在期货市场上实际是指保值性期货买卖。套期保值是期货的重要功能——规避风险得以实现的手段。

粮食企业进行套期保值的目的不在于追求超预期的盈利，而是要和现货经营结合起来，规避现货经营中的价格波动风险、锁定利润或控制成本。套期保值交易并不是一定能提高盈利水平，投资者认为进行规避风险的期货操作没有风险也是不实际的。

进行套期保值操作也是有风险的，风险主要来自以下几个方面：

第一，由于到期期货合约与现货走势的背离，基差出现不利的变化，使套期保值业务会出现亏损。

第二，由于期货临近交割时，保证金比例会逐渐提高，那么套期保值的资金供应要有保证，否则期货的头寸难以保证。

第三，期货的流动性出现问题，使到期合约的平仓难以实现。

第四，对于卖出套期保值，在有利交割的情况下，交割环节出问题也会带来潜在的风险。如准备的实物达不到合约要求的质量标准、增值税发票未能及时开出等。

第五，按交易所的交易规则，在出现极端状况（连续涨跌停板）下，需要进行强行平仓时，可能投资者的套期保值头寸也会受到限制，导致现货的风险敞口扩大，当然这种概率在早籼稻期货中极小。

除第五种情况属企业无法预知的情况外，其他四种情况都是企业自身能够化解的风险。最重要的是，不要在行情对自身有利的时候做成投机，在不利的时候做成套期保值，把套期保值和投机弄混了。

敞口

公司在经营中所面临的风险通常被称为敞口，这些风险通常包括利率风险、汇率风险、商业周期风险、通货膨胀风险、商品价格风险及行业风险等。公司风险管理是企业评估所面临的各种来源的风险并通过运用金融衍生工具、保险合约以及其他活动来管理上述有关风险。期货合约是在交易所内交易的金融衍生工具，企业可以充分利用期货市场来对冲和管理自己所面临的风险。

持仓限制

为了防止某些大户恶意操纵早籼稻期货价格，交易所对持有早籼稻期货合约的会员和客户在不同的时间段都有限制措施。套期保值企业客户注意及时向交易所申报套期保值额度，申报了套期保值额度的持仓不受持仓限制，这样能防止持仓超过限制被交易所强行平仓，从而给企业造成损失。

【案例 7－10——违背原则做套期保值风险大】

某粮食企业 2010 年要收购早籼稻 1 万吨，由于对后期价格走势没有把握，担心价格波动的风险，8 月下旬该企业决定在期货市场做套期保值并卖出 1000 手以规避库存风险。9 月份企业加工消耗了早籼稻 2500 吨，库存剩余 7500 吨，此时企业按套期保值原则应该平出 250 手空头头寸。然而，2010 年 9 月早籼稻期货价格不断走低，该企业看到期货市场的盈利空间大，并未根据库存消耗而平仓，反倒继续增加空单至 2000 手，已经大大超过了现货风险敞口头寸，而且保证金占用已超过期货账户资金总额的 80%，一旦价格朝不利方向变动，那么企业将面临极大的风险。10 月份在美国农业部报告意外调减农产品产量及国内中晚稻减产预期的双重推动下，资金大举进驻早籼稻期货，其合约价格快速攀升，企业空头持仓浮亏近 200 万元，期货账户保证金不足被强行减仓至保证金临界水平。

该案例中，企业未能遵守套期保值的基本原则，虽然遵循了企业的现货头寸与期货净头寸在方向上必须相反的原则，但从现货对冲的角度来看，企业未遵守期货净头寸不得超过企业自身的全部产能或经营计划这一原则。同时，该企业期货持仓比重过高，难以承受期货市场价格波动风险而导致被动离场。通过该案例，我们认为企业参与套期保值一定要匹配其现货经营，且保证金占用比例应控制在 50% 左右。

十二、对一般投资者来说，早籼稻期货有哪些机会？

期货投机交易分为两种：价差投机和套利交易。

所谓价差投机是指投机者通过对价格的预期，在认为某期货合约价格上升时买进，在价格下跌时卖出，然后待有利时机再卖出或买进原期货合约，以获取利润的活动。进行价差投机的关键在于对期货市场价格变动趋势的分析预测是否准确，因为影响期货市场价格变动的因素很多，特别是投机心理等偶然性因素难以预测，正确判断难度较大，所以这种投机的风险较大。

套利交易是期货投机交易中的一种特殊方式，它利用期货市场中不同月份、不同市场、不同商品之间的相对价格差，同时买入和卖出不同种类的期货合约，来获取利润。正如一种商品的现货价格与期货价格经常存在差异，同种商品不同交割月份的合约价格变动也存在差异；同种商品在不同的期货交易所的价格变动也存在差异。由于这些价格差异的存在，使期货市场的套利交易成为可能。

具体的操作形式有以下几种：

（1）看涨买进：投资者对未来一段时间某一月份合约的价格预计比现在的该合约价格出现上涨，然后买进的交易行为。

（2）看跌卖出：与看涨买进相反，投资者对未来一段时间某一月份合约的价格预计比现在的该合约价格出现下跌，然后卖出的交易行为。

（3）期现套利。

（4）跨品种套利。

（5）跨期套利。

（6）跨市场套利。

下面介绍一下投资者甲看涨买进和投资者乙看跌卖出的例子。

【案例 7－11 ——期货买卖如何计算盈亏】

2010 年 8 月 24 日，早籼稻 2010 年 5 月份合约（即 ER1005）价格从前一交易日的 2110 元/吨上涨到 2140 元/吨，投资者甲认为该合约价格将继续上涨，于是以 2140 元/吨的价格买入 10 手。2010 年 8 月 31 日，ER1005 合约价格果然上涨至 2160 元/吨，投资者甲把 10 手该合约卖出平仓，总共盈利（2160－2140）×10×10＝2000 元。

同是 8 月 24 日这一天，投资者乙认为 ER1005 合约价格 2140 元/吨与现货价格 1840 元/吨高出太多，到 2010 年 5 月份该合约价格肯定在 2140 元/吨以下，于是以 2140 元/吨的价格卖出 10 手。9 月 30 日，ER1005 合约价格大幅下跌至 2050 元/吨，投资者乙把该合约买进平仓，总共获利（2140－2050）×10×10＝9000 元。

自 测 题

一、填空题

1. 早籼稻期货交易最小交易单位是________手，而每 1 手期货合约的单位是________吨，我们假设当前早籼稻期货价格为 2000 元/吨，那么 1 手早籼稻期货合约价值为________元。

2. 早籼稻期货价格________，具有________，相关企业能利用早籼稻期货了解未来市场信息，作出有利于自己生产经营的决策。

3. 价差投机是指投机者通过对价格的预期，在认为价格上升时买进，在价格下跌时卖出，然后待有利时机再________或________原期货合约，以获取利润的活动。

二、选择题

1. 早籼稻期货价格与现货价格之间存在(　　)。

A. 一致性　　B. 关联性

C. 差异性　　D. 不相关

2. 粮食企业可以利用期货市场的(　　)功能为企业服务。

A. 跟踪价格　　B. 价差投机

C. 套期保值　　D. 操纵价格

3. 对于普通投资者来说，通过(　　)方式来参与早籼稻期货。

A. 价差投机　　B. 套利交易

C. 套期保值　　D. 操纵价格

4. 8 月 24 日，早籼稻 2010 年 5 月份合约（即 ER1005）价格为 2140 元/吨，某投资者以 2140 元/吨的价格买入 10 手。9 月 30 日，ER1005 合约价格下跌到 2050 元/吨，该投资者把 10 手该合约卖出平仓，该投资者的收益情况是(　　)。

A. 获利 9000 元　　B. 亏损 9000 元

C. 获利 2000 元　　D. 亏损 2000 元

三、判断题

1. 持仓费是指为拥有或保留某种商品、资产等而支付的仓储费、保险费和利息等费用总和。 (　　)

2. 粮食企业进行套期保值、规避现货经营中的价格波动风险的目的在于追求超预期的盈利。 (　　)

3. 套利交易是指投机者通过对价格的预期，在认为价格上升时买进，在价格下跌时卖出，然后待有利时机再卖出或买进原期货合约，以获取利润的活动。 (　　)

参考答案

一、填空题

1. 1　10　20000
2. 能反映未来的价格情况而且公开透明　权威性
3. 卖出　买进

二、选择题（不定项）

1. A　　2. ABC　　3. AB　　4. B

三、判断题

1. √　　2. ×　　3. ×

第八章 怎么参与早籼稻期货市场

【本章要点】

本章结合早籼稻期货的特点简单地向读者介绍了投资者如何参与早籼稻期货的问题。

一、投资早籼稻期货有资金门槛要求吗？

投资早籼稻期货的门槛不高，只需要准备好能交易早籼稻期货的最小单位的资金。早籼稻期货交易最小交易单位是 1 手，而每手期货合约的单位是 10 吨，我们假设当前早籼稻期货价格为 2000 元/吨，那么 1 手早籼稻期货合约价值为 20000 元，即 10 × 2000 = 20000 元。我们又假设交易保证金收取比例为 8%，那么 1 手早籼稻期货合约的保证金为 1600 元，即 20000 × 8% = 1600 元。所以，理论上早籼稻期货交易最低的门槛是 1600 元。但考虑到期货的特点，投资者将 100% 的资金用于期货投资并非明智之举，所以专家一般建议投资者在资金的使用上留有余地。此外，对于初入期货市场的朋友，必须在期货代理机构开立期货投资账户，而期货代理机构对于新入市的投资者有一定资金门槛，具体多少，各机构要求不同，一般不会低于 30000 元。

保证金制度

保证金制度是指在期货交易中，投资者必须按照其所买卖期货合约价值的一定比例（通常为5%～15%）缴纳资金，作为履行期货合约的财力担保，便可进行全额交易的制度。

例如：ER1001价格为2000元/吨，假设保证金比例为8%，则交易5手早籼稻（10吨/手）所需的资金为：2000×10×8%×5=8000元。

二、投资早籼稻期货要什么手续？

投资早籼稻期货，和投资其他期货品种一样，都需要到一家期货公司去办理开户手续。投资者选择的期货公司应具备合法代理资格、信誉好、资金安全、运作规范和收费比较合理等条件。开户时个人投资者须携带个人身份证和银行账户卡，法人投资者须提供法人代表身份证及营业执照（副本）、组织机构代码证、税务登记证，到期货公司现场开户和开通银期转账业务。开户手续完成后，投资者就可以把资金转入期货账户开始交易了。

期货交易流程

一个完整的期货交易流程应包括：开户与下单、竞价、结算和交割四个环节。由于能够直接进入期货交易所进行交易的只能是期货交易所的会员，普通投资者在进入期货市场交易之前，必须要选择一个好的期货公司会员。客户在按规定足额缴纳开户保证金后，即可开始交易，进行委托下单。下单是指客户在每笔交易前向期货公司业务人员下达交易指令，说明拟买卖合约的种类、数量、价格等行为。交易指令的内容一般包括：期货交易的品种、交易方向、数量、月份、价格、日期及时间、期货交易所名称、客户名称、客户编码和账户、期货公司和客户签名等。计算机撮合成交是根据公开喊价的原理设计而成的一种计算机自动化交易方式，是指期货交易所的计算机交易系统对交易双方的交易指令进行配对的过程。这种交易方式相对公开喊价方式来说，具有准确、连续等特点，但有时会出现交易系统故障等因素造成的风险。结算是指根据期货交易所公布的结算价格对交易双方的交易盈亏状况进行的资金清算和划转。

三、分析早籼稻期货价格未来走势有哪些方法?

期货价格走势的分析方法主要有基本面分析法和技术分析法。

投资者研究早籼稻期货的主要课题是供求关系。凡是对早籼稻市场供应和消费产生影响的因素，对价格均有作用。对于基本面的研究，尤其要注意农业政策、产业政策、进出口政策的影响，还有天气影响。上述因素是早籼稻市场对价格影响最为活跃的因素。尽管基本面研究与技术分析在逻辑上是相互排斥的，但真正要做期货，完全抛弃一方是很难的。所以，要坚持基本面与技术面相结合，同时注意吸收行为金融理论与混沌理论的研究成果，不否定技术分析、投资者心理（行为）等分析方法的重要性。要克服一些简单浮躁（沉溺于趋势线的支撑、阻力或是陷入波浪理论的冗长诡辩中）的研究风格，对基本面、技术面等加以综合分析，尤其要注意运用基本面分析的方法，对大势有一个深刻、全面的把握。

早籼稻期货操作和股市操作的不同

期货交易的标的是具体某一商品的合约。合约的价格会随着市场波动上涨和下跌。而股票交易的则是上市公司所发行的股票，股票的交易价格随着业绩等因素波动。

期货交易采用T+0的交易机制，一天之内可以多次成交。股票交易采用T+1交易机制，当天买入，次日卖出。

期货可以做空，可以做多，双向交易，投资者做空、做多均可以获利或亏损。股票目前只可以先买入后卖出。

期货没有过户费、印花税等交易费用，期货公司按每一笔成交的单子，收取既定的交易费用。而股票的交易费用有佣金、印花税、过户费等。

此外，期货采用保证金交易的模式进行交易，即杠杆交易。而股票没有杠杆交易，投资者必须全额购买股票。

四、早粬稻期货价格高于现货价格比较多，在期货市场上是卖出机会吗？

我们已经知道，早粬稻期货价格并不是对目前市场供求关系的反应，而是综合现在的信息及预期各种因素可能带来的影响，对未来的早粬稻价格的一种判断。如果在早粬稻生长期间发生了较大旱灾，有可能出现较大规模的减产，或是预期货币将会贬值，那么，未来一段时间早粬稻供应量会减少，加上流动性充足的货币因素预期作用，远期价格就会出现上涨，期货价格高于当前现货价格就非常正常。但是，如果预期在后期没有得到实现，那么期货价格将会向现货价格靠近。因此，期货价格高于现货价格较多时是不是卖出机会，还要对期货价格高于现货价格的原因进行分析。

如果市场对未来减产的预期在收获时未得到验证，期货价格将随之大幅下跌。当然，若影响期货价格变动的因素得到了市场的验证，那么期货市场率先上涨将引起现货市场共鸣，此时卖出早粬稻期货就非合适时机。

【案例 8－1】

2010 年国庆长假后，早粬稻期货在多种因素作用下爆发性上涨，期现价差扩大。一般，早粬稻期现价差保持在 200～250 元/吨，然而 2010 年国庆节后早粬稻期现价差不断扩大，从 300 元/吨扩大至 400 元/吨，最高接近 500 元/吨。最初，投资者认为早粬稻现货价格是相对平稳的，步入 10 月的购销平淡期其价格一般难有大的动作。然而，通货膨胀预期的抬头，在中晚粬稻可能减产等因素的共同作用下，早粬稻期货 ER1105 合约价格拔地而起，早粬稻现货价格滞后上涨。在此轮涨势中，若最初在期现价差扩大至 300 元/吨即卖出早粬稻期货，那么投资者将面临现货跟涨不足，期现价差再扩大带来的亏损。

五、为什么有时候早籼稻现货价格很平静，期货价格却波动很大?

早籼稻现货价格反映的是当前的供求关系，如果当前供求平衡的话，现货价格就会相对平静，变化不大。而早籼稻期货反映的是未来一段时间的价格，是市场对未来的预期价格，其变化会受到政策、汇率、季节性等影响，尤其是未来天气变化的影响。这些影响的变动会调节预期的改变，另外，期货的金融属性和杠杆作用带来的投机氛围以及投资者情绪的变化，使早籼稻期货价格波动幅度更大。

六、看涨早籼稻价格，准备买进远期合约，但远期合约价格比现货价格高很多，能不能买?

这是一个基本面分析投资者提出的一个问题。投资者根据市场的各种信息分析得出，早籼稻远期价格将要上涨，决定要买进远期合约。而现在期货的远期合约价格比现货价格高很多，这时市场的大多数投资者和这个投资者的分析相同，所以买进的人多，期货价格自然比现货价格高很多。

我们举个例子，可以较好地说明这个问题。

2009 年 10 月 9 日，主要产区的早籼稻现货价格稳定在 1820 元/吨，ER1005 合约价格在 2048 元/吨。一种情况是投资者认为 2010 年 5 月份之前早籼稻现货价格肯定能超过 2048 元/吨，那么他可以适量买进。另一种情况是，虽然投资者判断现货价格会有上涨的可能性，但认为在 2010 年 5 月份之前不能达到 2048 元/吨的价格，那么他就没有必要买进了。

七、投资早籼稻期货，如何计算初始保证金占用、手续费和盈亏?

对于保证金比例和手续费的收取，各个期货公司会有所差异。假定早籼稻期货 ER1105 合约价格是 2200 元/吨，如果买入成交 10 手，以 8% 的比例收取保证金和每手 4 元收取手续费计算，那么投资者要交纳的保证金为：2200 × 100 × 8% = 17600 元，手续费为 4 × 10 = 40 元。

如果早籼稻 ER1005 合约价格上涨了 50 元/吨，则该投资者出现浮动盈利：50 × 100 = 5000 元。

如果早籼稻 ER1005 合约价格下跌了 50 元/吨，则该投资者出现浮动亏损：50 × 100 = 5000 元。

八、交易过程中，昨天我的账户上还有钱，为什么今天就通知我追加保证金呢？

这是期货交易和股票交易的不同点。股票交易过程中，投资者买了股票，证券公司收取了全额保证金，股票的涨跌不影响其资金余额的变动。而期货交易不同，期货公司只收取了交易金额的部分保证金。早籼稻期货价格的涨跌对账户资金余额会产生变化，如果可用资金成为负数，则期货公司就会通知投资者追加保证金。下面我们看个案例（为方便计算，未考虑手续费）。

【案例 8 - 2】

某投资者认为早籼稻价格将上涨，于 2009 年 8 月 17 日买入 2010 年 1 月份到期的早籼稻期货合约 10 手，价格为 2135 元/吨，该投资者账户上资金为 23000 元。

2009 年 8 月 18 日结算价为 2130 元，当日亏损：（2135 - 2130） × 10 × 10 = 500 元，履约保证金：2130 × 10 × 10 × 10% = 21300 元，当日权益（也可以称保证金余额）为 23000 - 500 = 22500 元，可用保证金为 22500 - 21300 = 1200 元。

2009 年 8 月 19 日早籼稻期货价格大幅下跌，最低跌至 2069 元/吨，结算价为 2090 元，当日亏损（2130 - 2090） × 10 × 10 = 4000 元，履约保证金：2090 × 10 × 10 × 10% = 20900 元，当日权益为 22500 - 4000 = 18500 元，可用保证金为 18500 - 20900 = - 2400 元。

当可用保证金为负的时候，期货公司就会向客户发出追加保证金的通知。

2009年8月20日结算价为2070元，当日亏损：（2090－2070）×10×10＝2000元，履约保证金：2070×10×10×10%＝20700元，当日权益为18500－2000＝16500元，可用保证金为16500－20900＝－4400元。

当该投资者没有追加保证金且他的可用保证金为负的情况又连续出现时，他将面临被强行平仓的风险。

每日结算无负债制度

每日结算制度，是指期货经纪公司每日对投资者账户进行清算，划拨盈利或亏损及手续费，计算客户账户保证金余额、履约保证金、可用保证金等的制度。因为期货交易使用保证金交易，投资者只需要交合约价值10%左右的资金就可以进行期货交易，放大了收益和风险，所以期货公司必须进行每日结算，以保证投资者账户上至少有合约价值10%的资金，以确保履行合约或承担价格波动风险。那么以什么标准来衡量投资者今日的盈亏状况呢？期货市场以结算价来衡量投资者当日的盈亏，并计算履约保证金。结算价不同于收盘价，结算价是当日以成交量为权重的加权平均价，相当于当日的平均价。

由于期货交易存在较大的杠杆作用，期货市场制定了相关的风险控制制度，投资者在总资金中应留有部分资金来抵御短时间内朝自己买卖方向不利的风险。我们给投资者的建议是：使用保证金不超过总资金的二分之一。

九、做早籼稻期货投资和做现货交易有什么区别？

参与早籼稻期货交易其实与现货交易一样，也可以理解为商品贸易，只是贸易的形式有所不同。首先，早籼稻期货交易的对象是未来某个时间的早籼稻，它可能还没有被生产出来，所以买卖（期货交易）是以电子化合同的形式，可不涉及现货。当投资者买入或卖出早籼稻期货后，在合约到期的这段时间里（交易的对象为未来某个时间的早籼稻，故随着时间推移，合约会到期），投资者可以选择卖出或买入对冲平仓，也可以一直持有，等合约到期进行现货交割，即买入方到期货交易所接收早籼稻现货，并付全款；卖出方准备早籼稻现货交割至期货交易所，接收全款。

其次，传统的贸易行为，应该是先有货才能卖出货物，即作为早籼稻现货交易来说，一般现货商有早籼稻现货，才会在市场上卖货。而期货交易因为交易的是期货交易所提供的标准化合同，在到期之前并不涉及现货，所以可以先卖出期货（即和买方签订合同），待价格下跌，在期货市场上再买入合同来进行对冲了结，同样可以达到获利的目的。

最后，期货交易使用保证金交易，也就是说，买卖期货合约只需要交合约价格10%左右的保证金，来保证你能履行合约或承担价格波动的风险。随着合约的交割期越来越近，即合约到期，保证金会逐步提高的，这样以确保想参与交割的投资者能顺利交割。

【案例8－3】

2009年7月，某现货商有早籼稻现货100吨，为规避现货价格下跌风险，他选择卖出2010年1月份到期交割的早籼稻期货合约，价格为2100元/吨。其后，早籼稻期货价格最高达到2150元/吨，至10月下旬价格为2000元/吨。

卖出期货合约的最低保证金要求：$2100\times10\times10\times10\% = 21000$元。

做法一：如果该现货商准备期货保证金25000元，那么当价格涨至2150元/吨的时候，该投资者浮动亏损：$50\times10\times10 = 5000$元。这个时候他的账户上可用保证金只有$25000-5000 = 20000$元，而所需要的最低保证金为：$2150\times10\times10\times10\% = 21500$元，即他的账户出现了保证金不足的情况，他将面临被期货经纪公司强行平仓的风险。而一旦被期货公司强行平仓或部分平仓，就有可能失去后期价格下跌至2000元/吨所带来的利润。

做法二：如果该现货商准备期货保证金40000元，当价格涨至2150元/吨的时候，该投资者浮动亏损：$50\times10\times10 = 5000$元，这时账户上可用保证金为：$40000-5000 = 35000$元，而所需要的最低保证金为：$2150\times10\times10\times10\% = 21500$元。他仍有13500元的可用保证金，持仓没有任何风险。随后价格一路下跌至2000元/吨，期货持仓给投资者带来了100元/吨的利润，如果选择平仓对冲，总利润为：$(2100-2000)\times10\times10 = 10000$元。

资金管理的主要法则

1. 期货交易采用的是保证金制度，投资者可以进行10倍的杠杆交易，如果不严格控制资金投入比例，在期货市场上任何一次小小的波动，都可能决定投资者的生死存亡。所以，投资者在根据自己的判断进行交易时，交易累计投资额应该限制在资本的50%以内。

2. 每次交易的风险收益比，即投资所承受的风险额度与潜在收益的比值应该在1∶3以上。

3. 所有的交易都要事先设定止损、止盈计划。

十、市场心理因素如何影响早籼稻期货的价格波动？

期货市场中早籼稻价格的波动，往往会由于心理因素的正反馈机制而得到强化。对早籼稻期货价格看涨时，投机者会迅速买进合约，以期价格上升时抛出获利，而大量投机性的抢购，又会促进期货价格的进一步上升，价格的上涨会吸引更多的投机者买入合约；反之，当价格看跌时，投机者会迅速卖空，当价格下降时再补进平仓获利，而大量投机性的抛售，又会促使期货价格进一步下跌，而价格的下跌会吸引更多的投机者卖空合约。市场的心理因素会导致早籼稻期货价格波动得更加剧烈。所以，早籼稻期货价格可能会在某些时段大大高于或者低于现货价格。

当早籼稻市场行情上涨或下跌的速度加快时，还没有参与其中的投资者也会急于加入。这种情况属于我们常说的市场“羊群效应”，此时市场将出现剧烈波动，这常常出现在牛市或熊市末尾阶段。

十一、早籼稻合约快到期时，投资者持有的期货合约怎么办？

期货投资者分个人投资者和法人投资者，个人投资者依据交易规则不允许其进入交割月份，并且，在交割月份个人投资者不能开新仓；而法人投资者可持仓至最后交易日，如最后交易日结束时其持有的合约还未平仓，则进入交割程序。在临近交割月时，投资者就应关注自己的持仓，如无交割意愿，不建议持仓进入交割月，因为此时交割月合约流动性大大降低，进出市场都不再那么便捷，投资者可能因为无法顺利退出交割月合约而蒙受损失。

【案例 8 -4】

2010 年 10 月 25 日，某个人投资者仍持有早籼稻期货 ER1011 合约多头头寸 50 手，因农产品主力合约 1、5、9 月轮换，11 月合约本身成交并不活跃，而临近交割月流动性趋于停滞，上周五（22 日）11 月合约双边成交量只有 282 手，此时客户若平仓早籼稻，将引起 11 月合约价格大幅波动。果然，随后几个交易日 11 月合约大幅下挫，投资者平仓所获利润大大减少。但若不平仓，进入交割月则交易所会将其强制平仓，投资者面临的亏损可能更大，所以早籼稻个人投资者需关注早籼稻规则，以免造成无谓的损失。

十二、早籼稻期货的相关资讯有哪些专业网站?

（1）中华粮网：http：//www. cngrain. com。

（2）中国谷物网：http：//www. ex - grain. cn。

（3）中国种植业信息网：http：//zzys. agri. gov. cn。

（4）中国兴农网：http：//www. cnan. gov. cn。

（5）中国粮油信息网：http：//www. chinagrain. cn。

（6）华南粮网：http：//www. gdgrain. com/main. jsf。

（7）中国农业部网站：http：//www. agri. gov. cn。

（8）国家粮食局网站：http：//www. chinagrain. gov. cn。

（9）湖南省粮食局网站：http：//www. hunangrain. gov. cn。

（10）江西省粮食局网站：http：//www. jxgrain. gov. cn。

（11）江西农业信息网：http：//www. jxagri. gov. cn。

（12）安徽农业信息网：http：//www. ahny. gov. cn/sites/MainSite。

（13）湖北农业信息网：http：//www. hbagri. gov. cn。

（14）泰国大米出口商网站：http：//www. thairiceexporters. or. th/default_eng. htm。

（15）联合联合国粮农组织统计数据库网站：http：//faostat. fao. org/default. aspx？lang = zh – CN。

（16）美国农业部网站：http：//www. usda. gov/wps/portal/usda/usdahome。

另外，投资者还可以经常查阅的资料有：月度供需预测报告、种植意向报告、周度出口销售报告、季末库存报告、作物生长进度报告等。

自　测　题

一、填空题

1. 早籼稻期货远月合约价格并不是对________市场供求关系的反应，而是综合现在的信息，对________的早籼稻价格的一种判断。

2. 期货价格走势的分析方法主要有________和________。

3. 交易指令的内容一般包括：期货交易的________、________、________、________、________、日期及时间、期货交易所名称、客户名称、客户编码和账户、期货公司和客户签名等。

4. 投资早籼稻期货，和投资其他品种期货一样，都需要到一家期货公司去办理开户手续。个人投资者须携带________和________，法人投资者须提供________和________、组织机构代码证、税务登记证，到期货公司现场开户和开通________业务。开户手续完成后，投资者就可以把资金转入期货账户开始交易了。

5. 股票交易采用 T+1 交易机制，早籼稻采用________交易制度。

二、计算题

1. ER1001 价格为 2000 元/吨，假设保证金比例为 8%，则交易 8 手早籼稻（10 吨/手）所需的资金为多少？

2. 某投资者账户资金总额为 5 万元。他认为 ER1005 价格将会大幅上涨，于是以 2100 元/吨的价格买进 20 手。期货公司按合约价值 10% 的比例收取保证金，现不考虑手续费的情况下，请问在 ER1005 价格下跌到什么价位，期货公司将会通知投资者追加保证金？

参考答案

一、填空题

1. 当前　未来一段时间

2. 基本面分析　技术面分析

3. 品种、交易方向、数量、月份、价格

4. 个人身份证　银行账户卡　法人代表身份证　营业执照（副本）银行转账

5. T+0

二、计算题

1. 12800 元　　2. 2060 元/吨

第九章 早籼稻期货套利交易

【本章要点】

本章主要介绍的是期现套利、跨品种套利和跨期套利的原理及方法，并通过多个案例来说明这些套利的操作。

一、如何理解早籼稻期货价格与现货价格之间的关系？

期货市场是在现货市场的基础上发展起来的，因此期货价格与现货价格之间有着密切的联系。早籼稻的现货与期货价格都受市场供求关系调节，两者是同质商品在不同阶段市场所能接受的价格。现货价格是期货价格变动的基础，而期货价格通过交易者对未来价格的预期作用来调节和引导现货价格，实物交割使期货价格最终能够回归于现货价格。

从两者的价格波动机制看，期货价格是由众多的交易者在交易所内通过集中竞价形成的，市场参与者的报价充分体现了他们对今后一段时间内，该商品在供需方面可能产生变化的预期。预期改变则价格也会变，最新的信息与预期不符也会导致价格波动，在这种价格预期下形成的期货价格，具有预期性和权威性。与期货价格构成因素不同，现货价格主要是由生产成本、流通费用、利润和税金四部分构成，其中利润和税金称为盈利，流通费用包括运杂费、包装费、保管费、损耗金额、经营管理费、利息金额等项目。现货价格的波动受到现实的供求关系影响，与期货价格相比，现货价格具有自由化、短期化、分散化和风险化的特点，不利于市场供求的长期稳定，极易受到外部因素的冲击和影响。

从理论上讲，在成熟的市场，其期货价格与现货价格之间具有同升同降和收敛一致的特点。其主要原因是影响现货市场的因素同样影响期货市场。所以当现货价格上升，期货价格也上升；现货价格下降，期货价格也下降，二者变动幅度可能不同，但变动方向大多数情况下是相同的。而且，期货合约随着交割月份的日益临近，持仓费用随之逐步下降，现货价格与期货价格之间的价差日益缩小，二者必将收敛一致。在实际生活中，由于各种原因，它们之间可能会有偏差。

利用统计分析的单位根检验、JOHNSEN 协整检验、格兰杰因果检验以及方差分解等多种方法对我国成熟农产品期货与现货的传导性进行的实证研究结果表明，两者存在长期的均衡关系，互相有关联性，相互引导，但期货对现货的影响更大，期货价格先于现货变动。当期货的价格发现功能得到发挥时，现货价格又参考期货价格决定。由于早籼稻期货上市时间不长，期货对现货的影响程度要弱一些。

二、基差是怎么回事?

我们知道了期货价格和现货价格有关联性，但期货价格和现货价格会有区别。我们把商品现货与期货价格之差叫做基差。

当基差小于零时，我们称之为正向市场，或正常市场，而当基差大于零时，则称之为反向市场或倒挂市场。一般来说，基差（绝对值）由持有成本（或持仓费）构成，即指为拥有或保留某种仓单或头寸而支付的仓储费、保险费和利息等费用。

期货商品的价格 = 现货商品价格 + 持仓费

反映持有成本的基差是随着时间变动的，离期货合约到期时间越长，持有成本越高，而临近交割日，由于仓储费用的降低，持有成本也随之降低，在交割日，持有成本为零。

2009 年早籼稻保持负基差（现货价格 - 期货价格），见图 9 - 1。

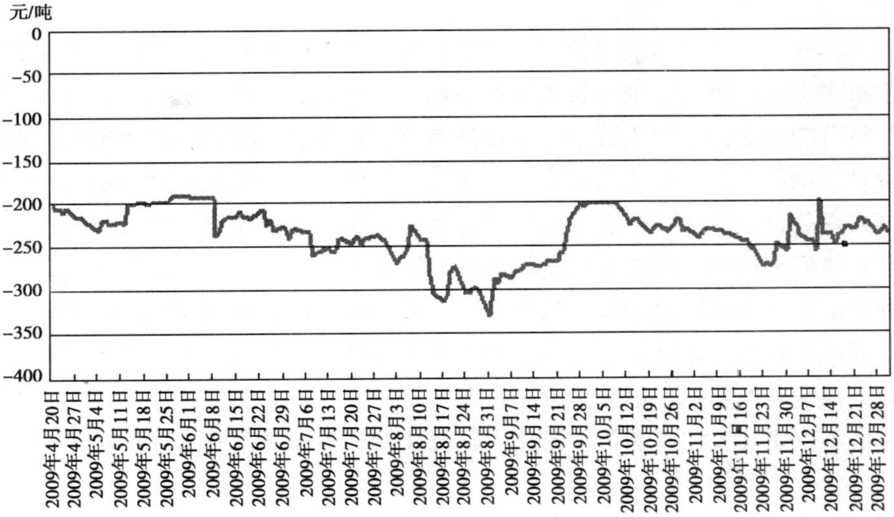

资料来源：文华财经、江西瑞奇期货公司。

图 9 - 1 早籼稻基差

升贴水

在正向市场中，期货价格高于现货价格，我们又可以称之为期货升水，或现货贴水。在反向市场中，期货价格低于现货价格，我们可以称之为现货升水，或期货贴水。

【案例 9 - 1 ——基差和升贴水怎么计算】

2009 年 10 月 15 日，早籼稻现货收购价是 1800 元/吨，当日早籼稻期货主力合约收盘价为 2011 元/吨，基差 - 211 元/吨，期货较现货升水 211 元/吨，或者是现货较期货贴水 211 元/吨。2009 年 12 月 15 日，早籼稻现货价是 1900 元/吨，早籼稻期货主力合约收盘价为 2143 元/吨，基差 - 243 元/吨，期货较现货升水 243 元/吨，或者现货较期货贴水 243 元/吨。

三、基差的变化对套期保值有什么影响?

企业，尤其是套期保值者，应密切关注基差的变化。影响基差变化的因素很多，主要因素是供求关系，假如现货需求旺盛，或可供应量减少，现货价格可能就会高于期货价格，出现反向市场；反之，相对于期货价格，现货价格可能会下跌。对于基差值的变动，一般而言，其波动幅度要小于期货价格或现货价格的波动。由于套期保值是在现货市场和期货市场之间进行，两种价格同涨同跌，但波动幅度却不可能完全一致，即基差会发生变动，而这种变动必将影响到套期保值的效果，要么一个市场的盈利能完全弥补另一个市场的亏损且有盈余，要么一个市场的盈利只能部分弥补另一个市场的亏损，而完美的套期保值几乎没有，即基差为零的状况非常罕见。因此，套期保值者应密切关注基差值得变化，以便在最有利的基差值上进行对冲。

【案例 9－2——如何利用基差交易】

2010 年 8 月新早籼稻上市价格快速上涨，接近 2000 元/吨的价格令不少粮食企业不敢入市收购，然而掌握粮源是粮食企业生产经营的根本，尤其是对于大型粮食企业来说，必须在集中上市期收购足够的早籼稻。南昌某粮食贸易企业根据自身收购早籼稻的情况及贸易合同的销售情况，结合期货市场的价格走势，分析当时期货价格高出现货价格很多，得出后期基差会走强的结论。然后，企业以当时现货价 1960 元/吨采购早籼稻，利用期货市场为库存的 6000 吨早籼稻进行套期保值。根据早籼稻销售的策略安排，企业考虑在早籼稻期货市场上做卖期保值。8 月 10 日与 ER1105 合约基差达到了－300 元/吨，该企业决定在早籼稻期货 ER1105 合约上卖出套期保值 600 手，即 6000 吨。到 2011 年 3 月 25 日，早籼稻现货价格已经上涨至 2160 元/吨，该企业库存的 6000 吨早籼稻被抢购一空，而 ER1105 合约期货价格在 2318 元/吨时买入平仓。由于交割期临近，期货价格逐渐向现货价格靠拢，基差收窄至－158 元/吨，企业通过套期保值交易规避了价格风险，还利用基差走强额外获得了 142 元/吨的利润。

此案例操作（见表 9－1）过程中，期货价格呈大幅波动，且基差一度朝不利方向变动，但该企业坚定套期保值的信心，启动风险准备金进行保仓。在此次操作中，如果资金没有跟上，此项业务在期货市场上的亏损将完全抵消了在现货市场上的盈利。在此，资金的使用成本没有列入。

表 9-1　　基本交易操作　　单位：元/吨

日期	现货	期货	基差
2010 年 8 月 10 日	1960	2260	-300
2011 年 3 月 25 日	2160	2318	-158
卖出套期保值，基差走强，企业额外获利			

四、期现套利是指什么?

在一个均衡的市场条件下，根据均衡无套利思想，同一种资产的现货价格应该等于其期货价格的现值。期现套利正是通过观察期货与现货价格之间的基差，利用期货、现货价格的背离，在同一资产的期货市场和现货市场建立数量相等、方向相反的交易部位，并以交割或非交割的方式结束交易的一种操作方式。期现套利是时间套利在期货市场的应用，它利用期货和现货价格走势的一致性和期货合约临近交割时期货和现货价格的趋同性进行操作的。

期货价格和现货价格的一致性是通过期货交易的交割制度来实现的。到交割月份时，持仓费已降至零附近。如果期货价格高于现货价格加持仓成本，或现货价格高于期货价格，此时就出现了套利的机会。

五、什么情形下，可以做期现套利?

在正向市场中，即正常市场情况下，市场供求关系正常，较远期的价格由于包含了持仓费，因此期货价格会高于现货价格。商品期货持有成本体现了期货价格形成中的时间价值，即持仓费是期货合约时间长短的函数。合约时间越远，持有成本越大；反之，则越小。到了交割月，持仓成本降至为零，期货价格则趋同于现货价格。正向市场时，如出现期货升水，即基差的绝对值大于持仓成本时，采取在现货市场上购买商品，在期货市场建立相应数量的近月头寸，将现货验货入库、注册仓单、期货交割的方式来赚取期现价差获得无风险收益。如出现现货升水，即基差的绝对值小于持仓成本时，如果投资者持有仓单，则可采取注销仓单，在现货市场上出售的方式盈利。

反之，当某一上市品种近期供给严重不足，近期产量及库存量远远不足以满足市场需求，或市场预计将来该商品的供给会大幅度增加，则会出现反向市场。此时，人们对某种商品的需求非常迫切，价格再高也愿意承担，从而造成现货价格飙升，近期月份合约价格也随之上升，远期月份合约则因未来供给将大量增加的预测，价格相对平稳。因此出现了现货价格较期货价格高，或近期期货价格比远期期货价格高的不正常情况。此时，持有现货并储存到未来某一时期仍需支付持仓费，只是由于市场对现货及近期月份合约需求迫切，购买者愿意承担全部持仓费而已。与正向市场相同，随着时间的推进，现货价格与期货价格会逐步接近，到交割月份时趋向一致。反向市场条件下，基差为正，如果投资者拥有仓单，可以注销仓单在现货市场售卖，并在期货市场远月合约做多来赚取期现价差的无风险收益。

六、早籼稻期现套利的成本价如何核算？

早籼稻由现货市场转移到期货市场抛售的成本价除了计算收购价外，还要计算交易交割费、入库费、仓储费、运输费、资金占用利息及早籼稻主要指标达到期货交割标准的费用。具体列示如下：收购价；交易交割费；入库费（汽车运输包装粮）、仓储费；未达到期货交割标准的现货处理，使之符合交割标准需要的费用；短途运输；资金利息；开具增值税发票可能面临的成本变动。

例如，收购价格为1800元/吨，在现货市场上待到1月可以卖到1900元/吨，但在期货市场上卖出价格为2000元/吨，增值税损失 = （2000 - 1900） ÷1.13×13% =11.5元/吨。

> **延伸阅读：期现套利要注意的问题**
>
> 1. 申请套期保值额度来规避交易所对单个交易编码持仓的限制。
>
> 2. 因期货交割品质、包装的标准高于现货市场流通的成品，程序更加繁琐，投资者在现货市场上采购后，还需要经过加工、包装以达到期货交割要求，再经运输、储藏，到期货指定的交割仓库检验入库、注册仓单。所以应计算好仓单注册时间，避免交割违约。一般进入交割月就要准备好所需的仓单。
>
> 3. 仓单注册后，投资者可将仓单折抵保证金以减少资金占用，待期货头寸到期时交割平仓。

买现货、卖期货套利的流程（见图9－2）

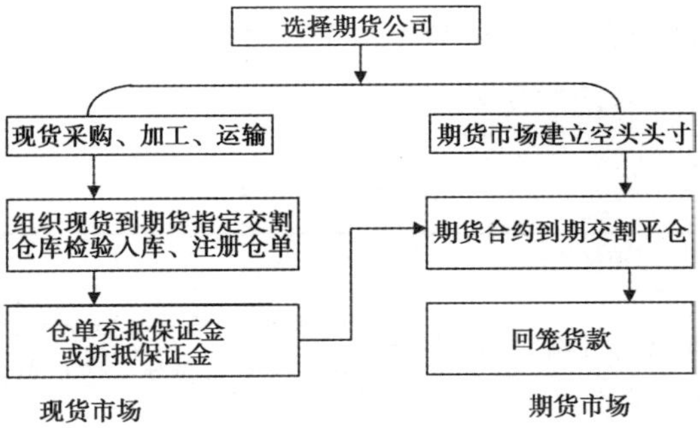

图9－2　买现货、卖期货套利的程序

七、如何运用早籼稻期货实现期现套利？

期货套利相对于单向投机而言，具有较低的风险，同时又能获得较为稳定的收入，是一种比较稳健的交易方式。

【案例9－3——早籼稻期现套利1】

2009年7月底，江西温家圳周边地区早籼稻收购进入高潮，收购价格在1830元/吨~1850元/吨之间。收购来的早粙稻通过除杂质、降水分达到符合郑州商品交易所交割的标准，花费40元/吨，加上其他费用约35元/吨，成本价总计约1915元/吨。而ER0909合约一直在2050元/吨上下波动，经过仔细考虑，某企业决定在现货市场收购早粙稻，在期货市场交割，赚取差价，并且考虑了两种情况下的了结方式。

当期现价差扩大，超出正常范围时，即超出套利成本时，可在现货市场买入现货，在期货市场卖出期货合约，到期可能会出现的操作情况有两种：

1. 期现价差缩小，则现货在现货市场上处理，而期货空单在期货市场中平仓了结，实现目标利润。

2. 期现价差扩大，则通过实物交割完成交易，实现套利利润。

8月3日，套利者以2050元/吨在ER0909合约卖出2100吨，同时在现货市场以1840元/吨从农民手上收购2100吨早粙稻。

9月23日，ER0909合约进入交割，交割结算价为1953元/吨。

最后，这单业务每吨盈利135元/吨，即2050－1915，再扣除增值税，则盈利256200元。具体操作见表9－2。

表9－2　　期现套利案例1

	现货市场	期货市场	基差
8月3日	以1840元/吨收购2100吨早粙稻	以2050元/吨卖出210手（每手10吨）9月份到期的早粙稻期货合约	－210元/吨
9月24日	因期现价差仍然较大，决定注册成仓单，现货价为1840元/吨	期货结算价1953元/吨	－113元/吨
结果	算上收购成本和相关费用，相当于作了一次早粙稻的贸易。买进时在现货市场，卖出时在期货市场，最终获利256200元		

【案例9－4——早粙稻期现套利2】

某企业收购到符合期货交割标准的2008年生产的早粙稻2000吨，合计用去3800000元，即成本为1900元/吨。同时，该企业在8月3日以2048元/吨在ER0909合约卖出2000吨。至9月24日交割结束，扣除陈早粙稻贴水40元/吨，每吨盈利108元/吨。再扣除该公司需要付出的增值税，则盈利为191150元。

【案例9－5——早籼稻期现套利3】

8月3日，某企业以2050元/吨在ER0909合约卖出5000吨，同时在现货市场以1840元/吨从农民手上收购5000吨早籼稻。

8月24日，ER0909期货价格下跌到1930元/吨左右，而现货价格仍然平稳，该企业决定在早籼稻现货市场上以1840元/吨的价格出售，然后在期货市场上平仓。

这单业务每吨盈利120元，合计盈利600000元。具体操作见表9－3。

表9－3　　　　期现套利案例2

	现货市场	期货市场	基差
8月3日	以1840元/吨收购5000吨早籼稻	以2050元/吨卖出500手（每手10吨）9月份到期的早籼稻期货合约	－210元/吨
8月24日	以1840元/吨卖出5000吨早籼稻	以1930元/吨买入平仓	－90元/吨
结果	现货市场不盈不亏，期货市场盈利120元/吨。相当于现货市场1840元/吨收购的早籼稻在期货市场以1960元/吨的价格卖出了		

增值税

增值税是以（含应税劳务）在流转过程中产生的增值额作为计税依据而征收的一种流转税。我国规定，农业产品征收13%的优惠税率，早籼稻期货交割卖方开具发票也按13%税率计增值税额。

早籼稻期货ER0909合约交割结算价是1953元/吨，那么卖方开具1吨早籼稻的增值税发票税额为：

税额＝1953÷（1＋13%）×13%＝224.68（元/吨）

八、早粈稻期现套利风险小、利润大，一般投资者能做吗？

我们从前面的案例可以看到，投资者早粈稻期现套利需要几个条件：

1. 投资者具备现货经营渠道。
2. 投资者有较好的资金实力和信用，保证现金流。
3. 投资者有一般纳税人的资格。

九、早粈稻期货跨市套利可行吗？

目前，郑州商品交易所的早粈稻期货挂牌时间较短，和芝加哥商品交易所的粈稻期货还难以比较。从国内早粈稻现货历史来看，由于国内外稻谷进出口极少，国内和美国稻谷价格相关系数很低。目前来看，这两个交易所之间的早粈稻期货的跨市套利不具备条件。

南方粮食交易市场有早粈稻远期合同交易，由于交割的指标低于早粈稻期货，其远期合同价格较期货价格差价在50～100元/吨。

延伸阅读：早粈稻电子批发市场远期交易与期货的区别（见表9－4）

表9－4　早粈稻电子批发市场远期交易与期货的区别　单位：元/吨

品种	最新价	涨跌	成交量	订货量
ZX1003	1936	－1	312	234
ZX1001	1931	－1	236	240
ZX0912	1922	－2	252	200
ZX0911	1911	－1	14	56
ZX0910	0	0	0	0

资料来源：南方粮食交易市场。

远期合约是指交易双方分别承诺在将来某一特定时间购买和提供某种资产，并事先签订合约，确定价格，以便将来进行交割。

早籼稻期货与远期交易较为相似，二者的区别在于：早籼稻期货合约是标准化合约，在交易所场内交易，参与的投资者较多，流动性很好；而早籼稻远期合约通常不是标准化合约，是在交易所以外的场外交易，通常是从事粮食生产、加工、贸易的现货企业参与，流动性很差。

十、跨期套利是怎么回事？

跨期套利又称跨月套利，是利用同一商品不同交割月份合约之间的价差进行交易并在出现有利变化时对冲而获利的交易方式。跨期套利主要分为买入近月合约同时卖出远月合约的正向套利，卖出近月合约同时买入远月合约的反向套利，以及在三个合约间分别买卖的蝶式套利。

正向套利是当同一种商品远月合约价格远远大于近月合约价格加上远月与近月时间差内的持仓费用之和时，在买入近月合约的同时卖出等量远月合约，之后，当两个月份合约价差缩小时对冲获利。如果二者价差继续扩大，则等待近月和远月合约相继交割。因为最初建立头寸时的价格差足够支付近月到远月交割期间的持仓费用，所以交割后仍然可以获得一部分利润。

反向跨期套利指的是套利交易者认为市场远月合约估价偏低，而近月合约估价偏高，于是采取卖近买远的操作，以期待市场向合理价差回归而双向对冲获利。

【案例 9－6——早籼稻期货跨期套利】

9 月 11 日，早籼稻 ER1001 价格为 2068 元/吨，早籼稻 ER1005 价格为 2130 元/吨，两者之间的价差达到 62 元/吨，远高出两者之间的正常差价，客户以 2068 元/吨买进近月合约 ER1001，数量 10 手，又以 2130 元/吨卖出远月合约 ER1005，同样是 10 手。这就是正向套利。

10月15日，客户以2012元/吨的价格卖出10手原买进的合约ER1001，又以2044元/吨的价格买进原卖出的合约ER1005。不计手续费，共盈利3000元，具体操作见表9－5。

表9－5　　正向跨期套利案例

9月11日	买入10手1月份到期的早籼稻期货合约，价格为2068元/吨	卖出10手5月份到期的早籼稻期货合约，价格为2130元/吨	价差62元
10月15日	卖出10手1月份到期的早籼稻期货合约，价格为2012元/吨	买入10手5月份到期的早籼稻期货合约，价格为2044元/吨	价差32元
单个合约的盈亏状况	亏损56元/吨	盈利86元/吨	价差缩小30元
最终结果	盈利30元/吨，总盈利30×100＝3000元		

正向套利操作中面临的风险

正向套利具有不仅可以通过对冲平仓获利，而且可以通过最终交割获利的特点，常常被称为低风险甚至无风险套利。但事实上，这种买近卖远的套利交易同样是有风险的。当远近月价差出现套利机会，投资者在进行了买近卖远的套利操作后，如果价差缩小，当然可以实现双向对冲，获利出局。但如果二者价格差继续扩大，不得不通过交割完成套利操作时，就会有风险了。如果进行交割，远近月合约间的费用大致包括几个方面：交易保证金占用资金利息、交割货款利息、交易手续费、仓储费及损耗、交割费用、增值税等。上述几项费用中，不确定的主要是交易保证金占用资金利息和增值税。特别是增值税，在近月完成交割后，如果远月继续大幅上涨，则增值税的支出将可能持续增加，会很快使不多的预期利润消失，甚至出现亏损。

值得一提的，在实际交易中，正向套利的“无风险”套利机会很少见，预期利润也比较低，很容易随着交易保证金的占用资金利息和增值税的增加而消失。如果投资者发现并抓住了不多的正向套利机会，在近月合约交割后，就应该时刻关注远月的牛市是不是在继续深化。如果远期价格暴涨，增值税等费用支出可能会远大于预期获利时，在盘面上平掉远月合约空单，并将近月所接仓单流向现货市场是较好的选择。

反向套利操作中面临的风险

在同一个生产消费周期内，某种商品近月与远月的正常价差应该是持有近月合约到远月期间的所有费用，即近月合约价格+期间持仓费用=远月合约价格。所以，反向套利交易者认为当远月合约价格小于近月合约价格加上持仓费用时，则可能就是远月价格被低估，而近月合约被高估。但事实上，这种想法并不是总是正确的。我们知道，不论是期货市场还是现货市场，都有牛市和熊市之分。在牛市里，市场价格是持续上涨的，而在熊市里，市场价格是持续下跌的。如果我们回头观察一个生产周期内牛市里的某商品各月份的现货价格，我们会发现远月的价格是大于近月价格加上持仓费用的。远月价格由于牛市的延续而获得了额外的升水。由于有额外的利润存在，现货企业才愿意囤货，并待价而沽。而在一个熊市结束后，我们可以发现远月的价格可能小于近月价格加上持仓费用，因为熊市的商品价格是逐期下跌的，商品远月价格相对近月贴水。因此，在不同的市场环境中，远月价格高于或低于近月商品价格加上持仓费用都有可能是正常的。

上面我们讨论的是事后看现货市场上的远月商品价格和近月商品价格的比较。有人认为期货上也许不是这样。我们也可以分析一下期货上远月和近月合约的情况。假设某种商品的生产和消费周期是每年的10月1日至次年的9月30日（比如玉米、稻谷）。在12月的某一天我们观察来年的5月和7月的期货合约。假定当年度减产，供给不足，在12月份以前，5月和7月都处于牛市上涨阶段，而且由于预期未来供给紧张或者需求旺盛，7月合约价格应该高于5月合约价格加上持仓费用。但是随着时间的推移，比如到了次年2月、3月，年前较高的现货价格抑制了前期消费，在新年开始后该种商品供应并没有出现紧张，于是现货和期货价格均低走，此时处于熊市状态下的5月和7月合约的价格差距可能会变化，即7月价格可能会低于5月价格加上持仓费用。当然，如果当年丰产，供应充足，也可能出现先跌后涨的情况。

上面我们考量的是同一生产和消费周期内的不同合约间的套利，而不同生产或消费周期内的不同合约的套利风险更大。例如，ER1005和ER1009合约分别属于不同的作物年度，前者属于旧年度作物合约，后者属于新年度作物合约，存在跨年度的风险。

十一、早籼稻期货的相关品种有哪些？品种之间能否套利？

早籼稻和玉米、小麦同为农作物，并且同样能做饲料和食用，具有较强的替代性，所以早籼稻期货的主要相关品种是玉米和小麦期货。

从图 9－3 郑州小麦和南昌早籼稻现货对比图可以看出，早籼稻和小麦价格走势有很高的相关性。

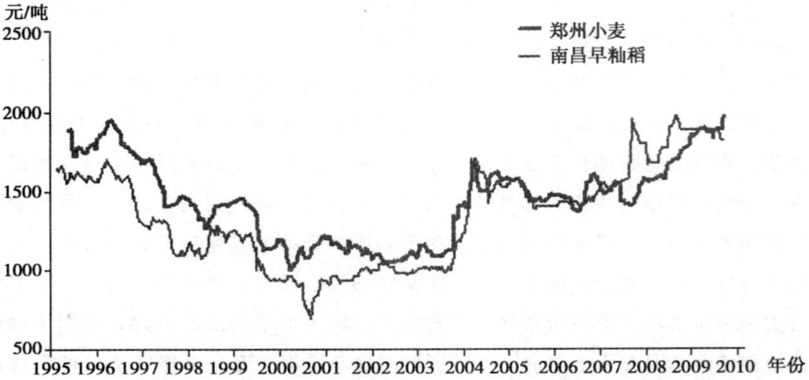

资料来源：江西瑞奇期货公司。

图 9－3　郑州小麦和南昌早籼稻现货对比图

【案例 9－7——早籼稻和强筋小麦跨品种套利】

南昌某综合粮油贸易企业拥有现货背景，是南昌地区较有影响的现货贸易商，具有较高的市场分析能力。本案例出现的套利机会即是该企业根据现货市场不同粮食品种的价差长期跟踪分析的结果。

根据该企业对早籼稻与普通小麦的价差关系研究，产区（南昌和郑州）的早籼稻和普通小麦的价格接近是常态。通过价值分析，强筋小麦在现货市场上应高于普通小麦 100 元/吨，因此，如果强麦价格与早籼稻价格处于同一水平，可以认为不是稻谷价格被高估，就是强筋小麦价格被低估。在 2009 年 9 月，郑州商品交易所的早籼稻与强筋小麦期货的比价近乎为 1∶1，这就给企业带来了买强筋小麦期货同时卖出早籼稻期货的套利机会。

2009 年 9 月 1 日，ER1001 合约价格和 WS1001 合约（强筋小麦 1001 合约）价格接近，企业以 2130 元/吨的价格卖出 ER1001 合约 2000 吨，同时以 2130 元/吨的价格买进 WS1001 合约 2000 吨。

9 月 29 日，ER1001 价格跌到 1990 元/吨，WS1001 价格跌到 2095 元/吨，企业将两合约平仓。

这样，ER1001 每吨盈利 140 元，WS1001 每吨亏损 35 元，合计盈利 210000 元。具体操作见表 9－6。

表 9－6　　早籼稻/强筋小麦套利案例

2009 年 9 月 1 日	买入 200 手 1 月份强筋小麦合约，价格为 2130 元/吨	卖出 200 手 1 月份到期的早籼稻期货合约，价格为 2130 元/吨
2009 年 9 月 29 日	卖出 200 手 1 月份强筋小麦合约，价格为 2095 元/吨	买入 200 手 1 月份到期的早籼稻期货合约，价格为 1990 元/吨
单个合约的盈亏状况	亏损 35 元/吨	盈利 140 元/吨
最终结果	（140－35）×2000＝210000 元	

注：1 手＝10 吨。

和早籼稻期货相关的跨品种套利主要针对的是和早籼稻期货合约时间相同或相近的小麦或玉米合约，而且最好是离交割较远的期货合约。

跨品种套利所面临的风险

跨品种套利是指利用不同期货品种之间的价差变化进行获利的投资手段。能够实行跨品种套利的期货合约之间必须具有很强的相关性，品种之间的相关性越强，出现跨品种套利机会时的投资风险相对就越小。但是跨品种套利在某些时候也会出现较大的风险，要注意防范。比如，买早籼稻期货合约和卖强筋小麦期货合约套利，两者的正常价差不会很大，但如果在小麦播种和生长过程中遇上大旱，小麦可能大幅减产，就会出现强筋小麦与早籼稻的差价大大高于历史的情况，若判断这种价差将会长期维持，投资者就需要及时止损；若判断为短期因素的冲击，那么就要做好应对这种不利变动的资金准备。

自　测　题

一、填空题

1. 期货价格和现货价格的一致性是通过期货交易的________来实现的。

2. 早籼稻当前现货价格是 1820 元/吨，期货主力合约 5 月份价格是

2050 元/吨，那么基差是________元/吨。

二、判断题

1. 投资者在进行跨市套利时，应着重考虑两地间的运输费用和正常的差价关系。（　）

2. 套利与套期保值在交易形式上相同，只是前者只在期货市场上买卖合约。（　）

3. 套利者往往先买进或卖出一份合约，再做相反操作，先后扮演多头和空头的双重角色。（　）

4. 如果不同交割月份合约价格间关系不正常，无论价差过大还是过小，交易者都可以相机采取行动进行跨期套利。（　）

5. 在正向市场上，如果供给不足，需求相对旺盛，则可能导致近期月份合约价格的下降幅度小于远期月份合约价格的下降幅度。（　）

6. 在正向市场牛市套利中，如果近期和远期合约价格均下降，则交易者绝对不可能获利。（　）

7. 在正向市场中，客户在做买入套期保值时，如果基差值变大，在不考虑交易手续费的情况下，客户将会盈利。（　）

三、计算题

1. 5 月 20 日，某交易者买入两手早粈稻 5 月合约，价格为 2080 元/吨，同时卖出两手早粈稻 7 月合约，价格为 2100 元/吨。两个月后的 7 月 20 日，早粈稻 5 月合约价格变为 2110 元/吨，而早粈稻 7 月合约价格变为 2160 元/吨，请问：5 月 20 日和 7 月 20 日相比，两合约价差有何变化？（　）

A. 价差扩大了 30 元/吨　　B. 价差缩小了 30 元/吨

C. 价差扩大了 50 元/吨　　D. 价差缩小了 50 元/吨

2. 某交易者在 5 月 30 日买入 1 手早粈稻 9 月合约，价格为 2050 元/吨，同时卖出 1 手早粈稻 11 月合约，价格为 2080 元/吨。7 月 30 日，该交易者卖出 1 手早粈稻 9 月合约，价格为 2070 元/吨，同时以较高价格买入 1 手早粈稻 11 月合约，已知其在整个套利过程中净亏损 100 元/吨，且交易所规定，1 手 =10 吨，试推算 7 月 30 日的早粈稻 11 月合约价格。（　）

A. 2100 元/吨　　B. 2110 元/吨

C. 2120 元/吨　　D. 2090 元/吨

3. 某交易者在 3 月 20 日卖出 1 手早籼稻 7 月合约，价格为 2040 元/吨，同时买入 1 手早籼稻 9 月合约价格为 2090 元/吨。5 月 20 日，该交易者买入 1 手早籼稻 7 月合约，价格为 2010 元/吨，同时卖出 1 手早籼稻 9 月合约，价格为 2075 元/吨，交易所规定，1 手 = 10 吨，请计算套利的净盈亏。(　　)

A. 亏损 150 元　　B. 获利 150 元

C. 亏损 160 元　　D. 获利 160 元

参考答案

一、填空题

1. 到期交割
2. −230

二、判断题

1. √　2. ×　3. √　4. √　5. √
6. ×　7. ×

三、计算题

1. A　2. B　3. B

第十章
早籼稻期货的实物交割操作

【本章要点】

无论在国内市场还是在国外市场，相对于其他商品来说，农产品期货实物交割的量都比较大。早籼稻作为农产品的一种，实物交割的比例也较多，这章我们将详细介绍交割的制度规定和环节。

一、什么是早籼稻期货交割?

所谓期货交割就是指期货合约到期时，按照交易所的规则和程序，交易双方通过该期货合约标的物所有权的转移，了结到期未平仓合约的过程。具体到早籼稻期货交割，就是指早籼稻期货合约到期时，买方通过支付全额货款取得相应数量的早籼稻实物所有权，卖方付出早籼稻期货标准仓单来了结相应的未平仓合约。

【案例 10 -1——早籼稻期货交割】

2010 年 6 月初，某企业仍持有早籼稻期货 ER1007 合约 50 手，持仓均价为 1900 元/吨。该企业预测 2010 年早籼稻大幅减产的可能性很高，早籼稻开秤价预计将达到1920～1940元/吨，高于期货持仓均价，在期货市场交割比从现货市场采购更划算，故决定继续持有7月合约头寸并等待交割。该企业准备好充足的货款，最后交易日配对后找到卖方对冲7月合约多头头寸，付足全部货款后取得早籼稻期货仓单所有权，然后即可到任一交割库提取早籼稻。

二、什么情况下会进行早籼稻交割？

一般情况下，投资者会选择在期货市场上平仓不进行交割。但若进入交割月早籼稻期货合约价格仍然没有向现货市场价格回归的迹象，卖方进行交割就比较合适；也存在期货价格因为资金或其他因素冲击出现远低于现货价格的情况，此时有现货销售渠道的企业就可以在期货市场买入交割，取得早籼稻在现货市场出售。当然，也可能存在现货库存过高，通过现货市场销售对价格打压较大，而期货市场高度的流动性及众多的对手方，为企业快速卖出早籼稻提供了便利。此时，在期货市场卖出早籼稻期货交割既能缓解库存压力，同时又能达到稳定现货价格的目的。

【案例10－2】

江西南昌某企业在2009年8月份按早籼稻最低收购价1800元/吨收购了一批早籼稻，大约在3万吨左右。原本预计后市早籼稻的需求形势平淡，但补库等需求能够快速周转库存的早籼稻。可是事与愿违，1820元/吨的价格出售早籼稻也基本无人问津。随后，企业又需要腾出库容来收购中晚籼稻，库存压力很大。面对该情况，企业经过对早籼稻期货市场的分析，认为在期货市场抛出早籼稻有利可图，又能稳定现货价格，遂果断决定在期货市场以2000元/吨抛空早籼稻ER0911合约，同时着手注册早籼稻仓单，利用期货交割库来缓解该企业库容压力。这样既保证了现货销售，又为企业持续经营提供了空间。

三、什么类型的客户能够进行早籼稻期货交割？

能够交付或者接收增值税专用发票的客户以及能够由税务局代开增值税

专用发票的客户都能够进行早籼稻期货交割。自然人客户不允许进行早籼稻期货交割，在进入交割月前，其相应持仓必须予以平仓，进入交割月后也不能再开新仓。

【案例 10－3】

王某是早籼稻现货经纪人（即个体贸易商），有一定的早籼稻收购量。王某对早籼稻期货有一点了解，他想要是能够在期货市场卖掉早籼稻，就不需要长时间租赁仓库储存早籼稻了，只要 9 月份将收购的早籼稻运送至交割库到期交割就可以了。抱着这样的想法，7 月中旬王某在期货市场建了 60 手 ER0909 头寸。8 月份早籼稻 ER0909 合约进入交割月前一个月，需要提高保证金，期货公司通知王某个人投资者没有交割的权限，在 8 月底必须平仓，继续持有 ER0909 合约既要增加保证金还会面临流动性降低带来的平仓风险（冲击成本）。好在王某在月初即被告知个人不能进行交割，且空头持仓不大，平仓比较顺利。本案例就是要告诉投资者，个人持有早籼稻现货也不能够进行卖方交割，必须是具备开具增值税专用发票资格（或税务局代开）的法人企业才能进行交割。

四、企业有多少早籼稻就能在期货市场卖出多少吗?

早籼稻相关企业参与期货投资时，需要根据企业本身早籼稻经营量及早籼稻期货市场容量和交易所规则决定期货持仓头寸。早籼稻期货交易实行限仓制度。所谓限仓，是指交易所规定会员或者客户按单边计算的，可以持有某一期货合约投机持仓的最大数量。早籼稻期货合约的限仓数量按照该期货合约上市交易的“一般月份”、“交割月前一个月份”、“交割月份”的不同分别适用不同的限仓标准。以早籼稻期货 ER1001 合约为例，2009 年 12 月份为交割月前 1 个月，2010 年 1 月份为交割月，到期前的其他月份均为一般月份（如 2009 年 11 月，2009 年 10 月及之前可交易的月份均为一般月份）。对一般月份和交割前一个月持仓的限制包含了跨期套利持仓限制，交割月持仓绝对量的限制则未包含跨期套利持仓。自进入交割月起，期货公司会员、非期货公司会员和客户所拥有的投机持仓与跨期套利持仓之和，不得超过交割月前一个月下旬的最大限仓量，其中投机持仓不得超过交割月最大限仓量。例如：2010 年 1 月，某客户有早籼稻期货 1 月投机持仓 500 手，套利持仓 600 手，加总持仓 1100 手，超过了 2009 年 12 月下旬的最大限仓 1000 手，客户必须减仓达到交易所规定的最大限仓量或以下。所以，企业在参与期货投资过程中，除了要根据自身的早籼稻经营量及早籼稻市场容量来决定数量，还要考虑交易所的有关制度的限制（见图 10－1）。

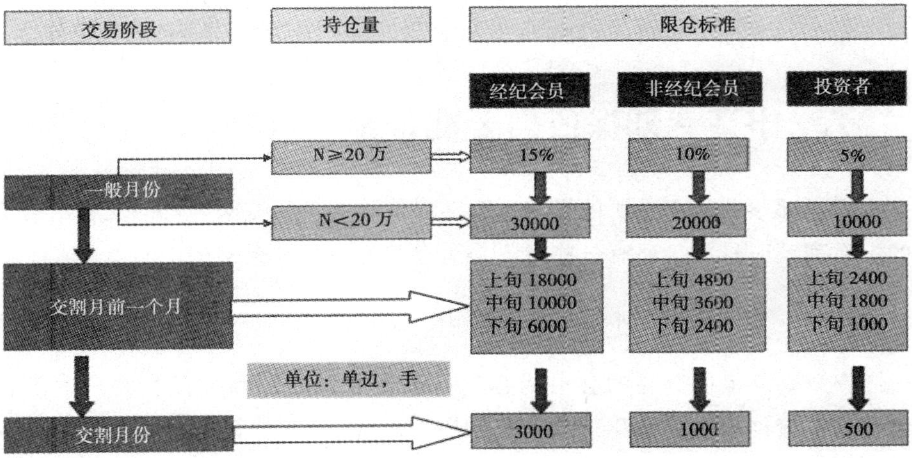

注：百分比为一般月份最大单边持仓占市场单边持仓比例。

资料来源：郑州商品交易所。

图 10－1 早籼稻持仓限制

五、企业在期货市场的持仓可能超过限仓额度怎么办？

如果企业持仓可能超过早籼稻期货限仓额度，那么就要准备在期货市场申请套期保值额度。申请的套期保值额度不受投机持仓限制。所谓套期保值额度，就是企业根据自身的现货经营状况，向交易所申请的早籼稻期货最大持仓量。

郑州商品交易所实行套期保值额度审批制度。套期保值交易分为买入套期保值交易和卖出套期保值交易。需进行套期保值交易的客户应向其开户的期货公司会员申报，由期货公司会员对其申报材料进行审核后，向交易所办理申报手续。申请套期保值交易的客户必须具备与套期保值交易品种相关的生产经营资格。申请到的套期保值交易额度在正常情况下不受交易所规定的持仓限量的限制。

早籼稻套期保值审批由郑州商品交易所套期保值审核委员会进行。套期保值审批委员会则由交易所领导及市场监察部、交割部、结算部、法律事务部、市场部等部门负责人组成。

六、申请套期保值需要准备哪些材料？

根据郑州商品交易所的规定，套期保值除买卖双方必须都向交易所提交的一系列证明材料，还有一些材料是买卖双方应分别提交的。

（一）公共部分材料

申请套期保值交易的会员或客户，必须填写“郑州商品交易所套期保值交易申请（审批）表”，并向交易所提交下列证明材料：

1. 企业营业执照副本（复印件）。
2. 套期保值交易的操作说明。
3. 企业近两年的现货经营业绩。
4. 期货公司会员担保企业套期保值材料真实性的声明。
5. 交易所要求的其他材料。

国有企业、国有资产占控股地位或主导地位的企业申请套期保值的，还应出具其法定代表人签署的同意进行相关套期保值业务的证明。

（二）单独提供的证明材料

1. 卖出套期保值交易另需提交的证明材料：

（1）原材料生产企业保值商品的消耗定额、生产能力、当年的生产计划、原材料购销计划（合同）以及交易所要求提供的其他材料；

（2）原材料加工企业、流通经营企业和其他企业保值商品的现货仓单或拥有实货的其他凭证（购销合同或发票）以及交易所要求提供的其他材料。

2. 买入套期保值交易另需提交的证明材料：

（1）原材料加工企业保值商品的消耗定额、加工能力、生产经营计划或生产商品的购销合同以及交易所要求提供的其他材料；

（2）原材料生产企业、流通经营企业和其他企业保值商品的购销计划（合同）的证明材料，以及交易所要求提供的其他材料。

七、期货套期保值额度申请的其他注意事项有哪些？

1. 申请时间：套期保值申请应在套期保值合约交割月前一个月的第15个交易日之前提出（不含该交易日），交易所不再受理逾期提出的该交割月份合约的套期保值申请。

2. 郑州商品交易所审批原则：交易所对套期保值申请，根据按主体资格是否符合，套期保值品种、交易部位、买卖数量、套期保值时间与其生产经营规模、历史经营状况、资金、套期保值历史交易和交割等情况是否相当进行审核，确定其套期保值额度。套期保值额度不超过其所提供的套期保值证明材料中所申报的数量。

3. 交易所审批回复时间：自收到套期保值申请之日起5个交易日内，交易所对相关申请材料进行审核，回复处理意见。

4. 套期保值建仓时间：交易所批准的套期保值建仓期限最迟至套期保值合约交割月前一个月最后一个交易日。规定期限内未建仓的，视为放弃套期保值交易额度。

5. 套期保值额度自交割月第1个交易日起（含该日）不得重复使用。

八、早籼稻期货标准仓单怎么注册？

早籼稻标准仓单注册流程（见图10－2）：交割预报→入库验收→质量检验→交割仓库申请注册及交易所办理注册。

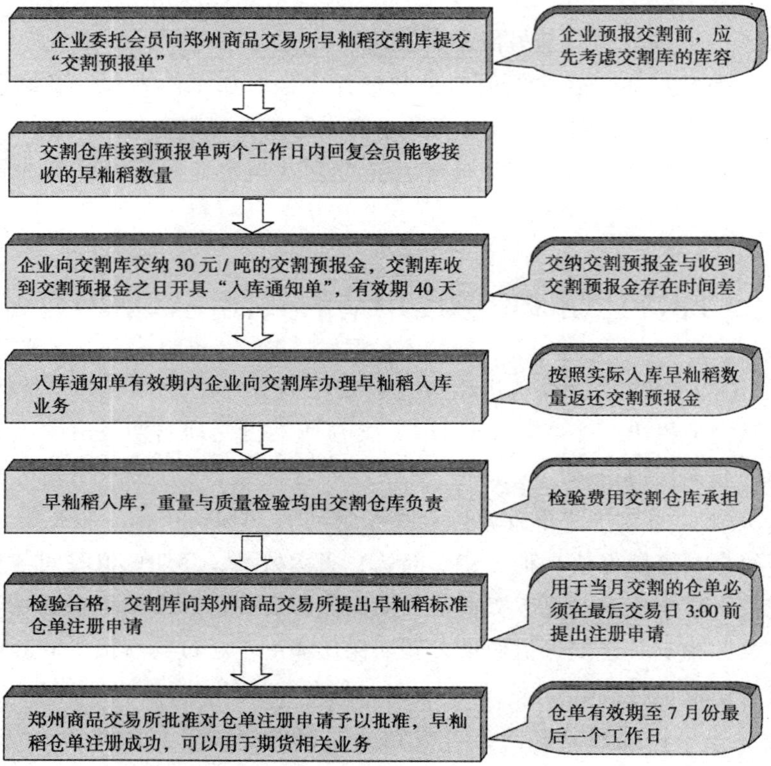

资料来源：江西瑞奇期货。

图10－2　早籼稻期货标准仓单注册流程

（一）交割预报

1. 客户或者非期货公司会员向交割仓库发货前由会员填写“交割预报单”，并向交割仓库预报（预报数量较大的，须提供拥有商品的相关证明）。

2. 交割仓库在接到会员的“交割预报单”之日起的两个工作日内，向会员回复仓库能够接受的商品数量。

3. 接到交割仓库的同意入库后的两个工作日内，会员向交割仓库缴纳30元/吨的交割预报金。

4. 受到交割预报定金的当日，交割仓库开具“入库通知单”。

5. “入库通知单”自开具之日起生效，有效期40天。

6. 在有效期内商品全部入库，交割预报金在商品入库完毕之日起两个工作日内全部返还。部分入库的按实际到货量返还。

7. 办理完交割预报的货主发货前，须将运输方式、车（船）号、数量、到货时间等通知交割仓库。

（二）交割商品入库

商品入库，货主到场监督，验收结果须经双方认可。入库商品未经交割仓库和货主签章确认的，不得用于期货交割。后续事项，交割仓库负责办理，货主等待交割仓库通知。

1. 货物重量验收采取在交割仓库内整车过地磅方式进行。

2. 入库质量检验由交割仓库负责。

3. 入库检验样品由交割仓库在卸货前抽取，检验结果不符合交割质量标准的不允许入库，入库过程中发现不符合质量标准的部分不允许入库。每次抽取样品入库分为两份，交割仓库任选一份用于交割；另外一份由货主和交割仓库签字封样，由交割仓库妥善保存。

4. 货物入库达不到质量标准的，经双方协商，制定交割仓库可提供整理等服务。

（三）标准仓单注册

1. 交割仓库自出具或收到质检机构的检验结果之日起1个工作日内，对检验结果进行确认并通知货主。货主无异议的，自通知货主之日起两个工作日内，交割仓库应当向交易所申请注册标准仓单。

2. 可在自交割仓库提出仓单注册之日起7个工作日内予以注册。

3. 合约最后交易日下午3时起，交易所不再受理交割仓库提出的用于当月交割的标准仓单注册申请。

九、早籼稻的交割仓库主要分布在哪些省份？具体名称是什么？

早籼稻交割仓库共设有18个，主要分布在湖南和江西两省，早籼稻交割仓库的分布，符合早籼稻主产区及现货贸易的特点，江西和湖南是早籼稻最主要的产区，而现货贸易又以大米为主，所以交割库主要设在主产区。湖南设有8个交割仓库，江西设有7个交割仓库，这些仓库均为基准交割仓库，不设升贴水。湖北、浙江、广西各一个交割仓库，其中湖北库贴水40元/吨，浙江和广西库分别升水80元/吨和60元/吨。湖南交割仓库分别是湖南金霞粮食产业有限公司、湖南金健粮油实业发展有限公司、湖南永州下河国家粮食储备库、中国华粮物流集团城陵矶港口库、湖南益阳粒粒晶粮食购销公司、湖南赤山国家粮食储备库、湖南粮食中心批发市场、万福生科（湖南）农业开发股份有限公司；江西交割仓库分别为江西樟树国家粮食储备库、江西省温圳粮库、九江市粮油总公司储备仓库、江西中储粮吉安直属库、江西中储粮万年直属库、江西省粮油集团新干购销有限公司、中央储备粮南昌直属库；湖北交割库为武汉市大花岭粮食储备库；浙江交割库设在浙江嘉善银粮国家粮食储备库；广西设有广西宾阳黎塘国家粮食储备库。

十、早籼稻期货交割的质检机构分别有哪些？费用是多少？

早籼稻入库质量检验由交割仓库负责，交割仓库可全部或部分委托指定质检机构进行检验，检验费用由交割仓库承担（见表10－1），故在入库检验环节早籼稻货主不用承担任何费用。如果货主对入库检验结果有异议的，应当自收到检验结果之日起3个工作日内向交易所书面提出复检申请，并预交复检费用。复检结果与交割仓库原检验结论一致的，由货主承担相关费用（检验费、抽样费、差旅费、交通费等），复检结果与交割仓库原检验结论不一致的，相关费用由交割仓库承担。

表 10－1　早籼稻指定质检机构检验费用　单位：元/样

序号	项目	安徽省粮油产品质量监督检测站	湖南省粮油产品质量监测中心	江西省粮油质量监督检验中心
1	出糙率	60	100	60
2	整精米率	60	100	80
3	水分	60	100	60
4	杂质	50	100	40
5	色泽、气味	50	50	40
6	黄粒米	50	50	40
7	脂肪酸值	200	260	120
8	谷外糙米	50	50	40
9	互混	50	50	40
合计		630	860	520

注：早籼稻复检按指定质检机构的检验费用双倍收取。

十一、早籼稻期货的交割流程有哪些？

1. 自进入交割月第一个交易日起至最后交易日都可申请交割。

2. 卖方会员通过会员服务系统提出交割申请，买方会员响应卖方会员的交割申请。

（1）买方会员未响应的，卖方会员可在下午 2:30 之前撤销交割申请，未撤销的，系统判为作废。

（2）买方响应，视为确认，双方均不得撤销。

（3）卖方配对后，其相应的标准仓单予以冻结，相应的保证金予以释放。

3. 最后交易日闭市后，同一会员同一交易编码客户所持有的该交割月买卖持仓相对应部分由计算机自动平仓，平仓价按当日结算价计算；其他未平仓合约，一律视为交割合约，由计算机按数量取整、最少配对数原则予以配对。

4. 交割关系一经确定，买卖双方不得擅自撤销或者变更。

5. 三日交割法完成交割流程，即配对日、通知日、交割日三日。

6. 交割结算价为期货合约配对日前10个交易日（含配对日）交易结算价的算术平均价。

7. 增值税专用发票的流转：自交割日起7个交易日内，卖方应当提供增值税专用发票。买方会员提供开具发票所需相关资料。

图10－3是早籼稻期货交割流程图。

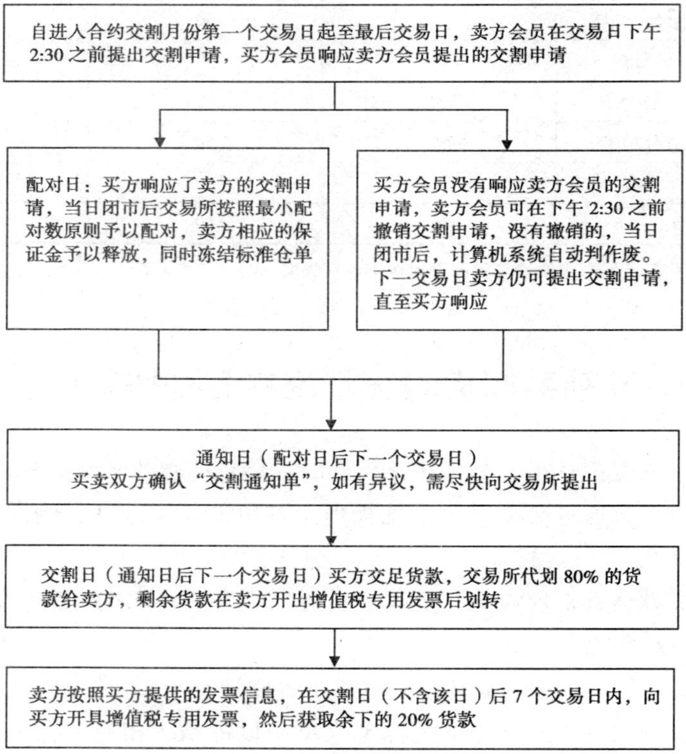

资料来源：江西瑞奇期货。

图10－3　早籼稻期货交割流程图

十二、交割结算价怎样确定？

交割结算价为期货合约配对日前10个交易日（含配对日）交易结算价的算术平均价。以早籼稻ER0909合约为例：最后10个交易日（从2009年9月9日至2009年9月22日）的交割结算价分别为：1955元/吨、1943元/吨、1943元/吨、1958元/吨、1958元/吨、1958元/吨、1958元/吨、1958元/吨、1946元/吨、1953元/吨。

那么10个交易日的算术平均价就等于上述价格加总再除10得到1953元/吨。这个1953元/吨就是交割结算价。之前未平仓的交割月合约就按照该价格平仓，同时增值税发票开票价格也以此为据。

十三、早籼稻期货交割费用如何计算？

早籼稻期货交割费用分为期货卖方交割费用和期货买方交割费用。

早籼稻运达交割仓库指定货位前的一切费用由卖方客户承担；从指定货位到装上车、船（汽车、火车、轮船）的费用由买方客户承担。

早籼稻交割费用包括：出入库费用、交割手续费、仓储费及检验费等。

卖方交割发生的费用包括交割手续费、入库费、检验费、仓储费等费用。

买方交割费用包括交割手续费、出库费（汽车运输包装粮）。

另外，在早籼稻期货交割中，应注意交割结算价可能的变动带来的增值税增减。对卖方来说，如果交割结算价过高，那么卖方要开具的增值税就高，对卖方不利，对买方有利，买方可抵扣更多的进项税额；如果交割结算价远低于预期，那么对卖方有利，买方能够抵扣的增值税就少了。

【案例10-4——交割费用计算】

2009年8月，某企业在ER0909合约上持有空头头寸。该企业经计算觉得进行交割非常划算，遂决定持有合约至最后交易日。该企业所持有的早籼稻现货是符合交易所交割质量标准的三等早籼稻，现货所占用的资金利息及短途运输费用由货主估算，其他费用如下所示：

1. 入库费：汽车包装粮入库 9 元/吨。

2. 仓储费：预留 20 天注册仓单，每天每吨的仓储费是 0.4 元，20 天的仓储费是 8 元/吨。

3. 检验费为零，由交割库检验。

4. 交割结算价 1953 元/吨，增值税销项税 =1953 ÷1.13 ×0.13 =224.68 元/吨。如果交割结算价降至 1903 元/吨，那么增值税 =1903 ÷1.13 ×0.13 =218.93 元/吨，交割结算价变动 50 元/吨，增值税变动 5.75 元/吨。

十四、交割违约如何处理？

（一）确定交割违约行为

首先要确定哪些行为属于交割违约行为，郑州商品交易所规定具有下列行为之一的，构成交割违约：

1. 规定期限内，卖方未能如数交付标准仓单的。

2. 规定期限内，买方未能如数解付货款的。

3. 交易所认定的其他违约行为。

（二）交割违约处理

构成交割违约的，由违约方支付部分合约价值（按交割结算价计算）10% 的违约金。交纳违约金之后，根据违约主体的不同再另行处理。

1. 卖方违约的，买方可作如下一项选择：

（1）终止交割：交易所退还买方货款。

（2）继续交割：交易所在认定卖方违约的下一交易日发布标准仓单征购公告，并在 7 个交易日内组织征购。征购成功，交易所支付给买方标准仓单；征购失败，卖方组织付给买方违约部分（此处指征购失败部分）和合约价值 10% 的赔偿金，交易所退还买方交割货款后终止交割。卖方承担因征购产生的一切经济损失和费用。

2. 买方违约的，卖方可作如下的一项选择：

（1）终止交割：交易所退还卖方标准仓单；

（2）继续交割：交易所在认定买方违约的下一个交易日发布标准仓单竞卖公告，并在7个交易日内组织竞卖。竞卖成功，交易所支付给卖方交割货款；竞卖失败，买方支付给卖方违约部分（此处指竞卖失败部分）合约价值10%的赔偿金，交易所退还卖方标准仓单后终止交割。买方承担因竞卖产生的一些经济损失和费用。

3. 买卖双方同时违约的，交易所按终止交割处理，并对双方分别处以违约部分合约价值5%的罚款。

4. 会员发生部分交割违约时，违约会员所接标准仓单或者所得货款可用于违约处理。

十五、早籼稻仓单有效期是怎样规定的？

N年8月1日起注册的标准仓单，有效期至N+1年7月份最后一个工作日（含该日）。到期注销的上一生产年度产生的早籼稻标准仓单，经检验符合交割有关规定的，可以重新申请注册。到期注销的非上一生产年度产生的早籼稻标准仓单，不允许注册。例如：客户在2009年8月14日用2009年产的新早籼稻注册成标准仓单，它的有效期到2010年7月30日。如果到了有效期，这张仓单就要被注销，但是经检验，该批早籼稻仍符合交割标准，作为陈早籼稻重新申请注册仓单，有效期再延长一年到2011年的7月最后一个交易日。2011年到期注销后，该批早籼稻就不允许再注册。

十六、早籼稻期货的期转现是如何操作的？

所谓早籼稻期货的期货转现货，是指由早籼稻同一交割月份合约的多空双方之间达成现货买卖协议后，变期货部位为现货部位的交易。假设有A和B两个客户，分别持有数量相当的早籼稻ER1001合约的多头和空头，双方都有提前交割的意向，即可采用期转现的方式提前实现交割，而不必等到ER1001合约最后交易日进行配对交割。自ER1001合约上市之日起到2010年1月该合约最后交易日期间，均可以进行期转现操作。期转现平仓价格与仓单转让价格一般相同，仓单转让价格用于结算货款及买卖双方开立和接收增值税专用发票，而协议平仓价则是双方约定的期货合约平仓价格，达成协议当天交易所为买卖双方平仓。

期转现的流程如下：

1. 买卖双方通过交易所会员服务系统发布期转现意向。持有同一交割月份合约的买卖双方达成协议后，在每一个交易日的下午2:30之前向交易所提交期转现申请。

2. 交易所批准后，期转现的买卖双方持有的期货合约，由交易所在审批日的下午闭市之后，按照买卖双方达成的平仓价格平仓。买卖双方达成的平仓价格应当在审批日合约价格限制的范围内。

3. 用标准仓单进行期转现操作的，可由交易所进行货款划转。买方提交期转现申请前应当有20%以上的货款，货款不足的不予批准或不予办理；在期转现申请批准后的下一个交易日，交易所为成功的期转现买卖双方办理仓单过户；增值税专用发票由卖方向买方开具，买方收到卖方开具的发票后才能把全部的货款转给卖方。

4. 非标准仓单的期转现操作，货款划转方式由双方协商确定。

5. 买卖双方各自负担标准仓单期转现中的仓单转让环节的手续费，与一般交割费用相同。

【案例10－5】

某粮食加工企业需在2010年5月中下旬采购一批2009年产早籼稻用于完成大米订单。2010年4月中旬早籼稻期货ER1005合约价格运行至1900元/吨，该企业认为通过期货市场采购比较合理，于4月下旬在ER1005合约上建立100手多单，建仓均价为1902元/吨。2010年5月郑州商品交易所交割库中有2009年及部分2008年产的早籼稻，根据交易所的交割规则及早籼稻仓单管理办法，2009年产早籼稻注册仓单（即标注类别10的仓单）可以跨年度进行交割，是期货市场抢手的香饽饽，而2008年早籼稻仓单必须出库流入现货市场。若等到最后交易日进行配对交割，该企业很可能拿不到2009年产的早籼稻，而利用期转现提前交割并提货出库，则企业所得早籼稻为2009年产的概率将大大提高。2010年5月10日，该企业委托期货公司找到了有期转现意向的卖方，并于当日下午提出期转现申请，期货协议平仓价格为1915元/吨，仓单转让价格为1915元/吨。次日该企业付足货款后即获得了早籼稻仓单，并顺利注销了距该企业最近的交割库的1000吨2009年产的早籼稻仓单。通过期转现交易，该企业顺利获得了2009年产的早籼稻，而5月合约卖方提前交割既回笼了资金，又节约了仓储费用，这是双赢交易。

双方期转现流程协商及操作流程如下：

1. 4月底到5月合约最后的交割日还有近1个月的时间，1吨早籼稻仓储费加利息大致在20元/月。通过双方协议，卖方不用为此贴水给买方，卖方节省了一笔不小的费用。

2. 因为当天盘中价格为1906元/吨左右，而前一交易日结算价格为1924元/吨，两者价格相差18元/吨，双方协商采用折中价格1915元/吨协议平仓，同时以该价格转让仓单。

3. 增值税开票价格以仓单转让价格为准，增值税开票价格主要涉及税务成本，但一般相差额度较小，所以双方在进行商议时一般对价格的要求不会过于苛刻。

在确定了期货协议平仓价和仓单转让价格之后，买卖双方分别填写“期转现授权书”，授权所在期货公司帮助其进行期转现，而期货公司接到“期转现授权书”后，填写“期货转现货协议（审批）表”，内容包括期转现数量、仓单类型、期货协议平仓价、转让仓单价等内容，同时在下午2:30之前向期货交易所递交期转现申请。期货交易所受理后，将买卖双方盘面持仓以议定的期货协议平仓价格平仓。第二个交易日，期货交易所给第一个交易成功协议平仓的期转现买卖双方办理仓单过户手续。

交易所收取买方会员全额货款后，将全额货款的80%划转给卖方会员，同时将卖方会员的仓单交付买方会员。余款在买方会员确认收到卖方会员转交的增值税专用发票时结清。

十七、早籼稻标准仓单什么时候可以注销，怎样注销？

到期的早籼稻标准仓单必须注销，假如某投资者持有一张2010年7月31日到期的早籼稻仓单，那么在该日之前，他必须办理仓单注销手续，否则要承担由此引起的损失。当然，仓单持有人也可以在到期日之前的任一日期向交易所申请注销仓单。

另外，标准仓单持有人想要提货，需委托期货公司会员到期货交易所办理标准仓单提货手续。

仓单注销流程：

1. 客户注销标准仓单应当通过会员向交易所提交标准仓单注销申请。

2. 标准仓单注销时，交易所结算部门办理仓单升贴水结算，交易所交割部门开具“提货通知单”。

3. 通用标准仓单的商品需要提货的，交易所根据会员申请及交割仓库的具体情况，确定“提货通知单”对应的商品。

4. 自交易所开出“提货通知单”之日起 10 个工作日内，“提货通知单”持有人应当持“提货通知单”（原件）、提货人身份证、提货人所在单位证明到交割仓库办理提货手续，确认商品质量，确定运输方式，预交各项费用。

“提货通知单”持有人在提货期内向交易所提出商品质量复检申请的，自交易所收到申请之日起，“提货通知单”持有人的提货期间停止计算，待复检结果通知“提货通知单”持有人之日起重新计算。

逾期未办理相关手续的，按现货提货单处理，交割仓库不再保证全部商品质量符合规定标准。

十八、早籼稻出库怎么办理？

早籼稻仓单持有人即货主，办理早籼稻出库（见图 10－4）应知悉如下事项：

1. 交割商品出库重量检验。重量检验由货主与交割仓库共同实施，具体办法同入库规定。

2. 货主提供运输工具的，自货主凭“提货通知单”与交割仓库联系出库事宜，运输工具到达交割仓库之日起，交割仓库开始发货，并停止收取已装运货物的仓储费。

3. 货主委托交割仓库代办运输的，自客户凭“提货通知单”与交割仓

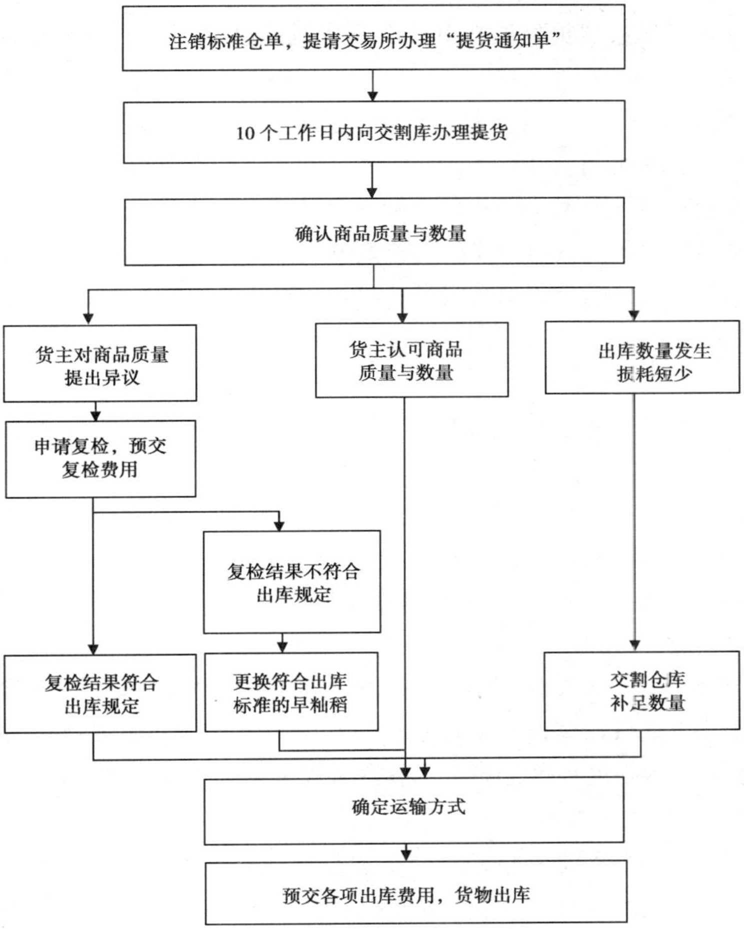

资料来源：江西瑞奇期货。

图 10－4 早籼稻出库流程图

库联系出库事宜，指定运达地点并预交各种费用（包括铁路代办费、港杂费等）之日起，交割仓库不能在规定时间内（汽车、船舶 10 日，火车 20 日）发出商品的，不得再收取其后的仓储费。

4. 由于货主变更发货方式、提货手续不全、费用未按时交纳、特殊要求等原因，致使商品装运推迟的，不受前款限制。

5. 出库数量发生损耗造成短少的，交割仓库应及时补足。不能及时补足的，交割仓库按“提货通知单”开具之日前（含当日）早籼稻期货最近交割月最高交割结算价核算短少商品价款，赔偿买方货主。

6. 货主如果对出库的早籼稻质量有异议，可以提出质量复检。自“提货通知单”开具之日起 10 个工作日内，仓单持有人对商品质量有异议的，可向交易所申请一次复检，并预交复检费用。

未在规定时间内提出异议的，视为确认出库商品质量。交易所不受理超出规定时间或者已经出库的交割商品的质量和数量复检，不承担由此产生的一切责任。

十九、怎样灵活运用仓单，减轻资金的压力？

客户注册早籼稻仓单，在一定程度上占用了资金，怎样利用好仓单，以减轻资金的压力呢，方法有三种。

1. 折抵：仓单折抵保证金，只有相应的空头持仓的保证金不再收取，不收取手续费。

2. 充抵：仓单冲抵保证金，最高可充抵合约价值的 80%，且和现金有配比要求，充抵保证金和现金配比比例是 4:1，不能高于此比例。如果保证金量计算高出现金的 4 倍，那么只能按照现金的 4 倍来释放。收取手续费，费用按年利率 1.8% 收取。

3. 质押贷款：标准仓单质押贷款就是仓单持有人通过一定的方式向银行贷款。该贷款的目的是用于仓单持有人所在企业的生产经营。质押贷款期限最长 1 年，且不得超过标准仓的有效期。标准仓单质押不能展期。利率按照同档次商业贷款利率执行，因办理质押贷款过程产生的其他费用由借款人承担。目前可以办理郑州商品交易所质押贷款业务的银行有 8 家，分别是中国建设银行、交通银行、光大银行、招商银行、民生银行、兴业银行、深圳发展银行、广东发展银行。

【案例 10－6】

某法人企业于 2009 年 8 月中旬注册了早籼稻期货仓单 120 张（1200 吨），占用资金 234 万元。为充分提高资金使用率，企业提出要让手头上的仓单发挥用途。根据郑州商品交易所的规定，企业可有三种选择：一是仓单折抵保证金；二是仓单充抵保证金；三是仓单质押贷款。企业持有ER0909合约120手净空头头寸，考虑到ER0909已经到了交割月的前一个月，保证金在逐步提高，进入交割月后保证金将提升至30%的水平，8月上旬企业期货账户上的资金就已不宽裕，不足以应对交易所不断提高保证金的要求，而且若价格朝不利方向变动，企业的资金要求将更高，故提出仓单折抵保证金的方案。这样企业所持净空头头寸中的120手早籼稻期货将不再收取保证金，此后期货价格的变动不会对保证金构成影响。9月中旬，该企业在较合适的价位将60手合约平仓，剩余的60手全部交割。此时，企业还有60张仓单折抵远月合约的净空头头寸，但远月合约保证金比例低，折抵并不划算，该企业决定用早籼稻仓单充抵保证金，按ER0909合约价值的75%比例获得90万元保证金，并陆续在远月合约ER1001上建仓。通过这种折抵仓单与充抵仓单并用的办法，企业的期货账户资金得到了合理的利用。

二十、仓单可以转让吗?

标准仓单的转让是指会员自行协商买卖标准仓单的行为。交易所受理标准仓单转让的时间为每个工作日交易时间的下午2:30之前。早籼稻标准仓单可以转让，但要符合一定的条件，按照一定的流程转让。

（一）条件

处于冻结状态和充抵保证金状态的标准仓单不能转让，同时，客户的标准仓单的流通应当委托会员办理，以会员名义在交易所进行，流通结果由客户承担。

（二）具体流程

1. 客户的标准仓单转让须委托会员办理。

2. 达成转让意向的买卖双方会员应当向交易所提交标准仓单转让申请。

3. 交易所对标准仓单转让申请审核后，为买卖双方会员办理标准仓单过户和货款结算划转等手续。

4. 标准仓单转让的货款划转及增值税专用发票的开具和传递同交割流程增值税发票的开具和传递。

【案例 10－7——早籼稻仓单转让】

2010 年 10 月起早籼稻期货价格快速上涨，持有期货空头头寸的企业决定尽快建立仓单以保护自身空头头寸。然而，早籼稻现货市场的收购在 10 月份已基本结束，想要在现货市场收粮注册仓单的难度很大，而且注册所需的时间较长，企业的空头头寸存在时间风险。此时，早籼稻仓单转让受到了企业的关注。因转让价格高于仓单成本，仓单持有人出于快速回笼资金的需求等原因愿意转让仓单，这样仓单转让协议就达成了。一般情况下，早籼稻仓单都会被利用起来充抵保证金或者折抵保证金，那么向交易所提出仓单转让申请前必须解除仓单充抵或折抵保证金，否则仓单卖方就不能向交易所提出申请。仓单买方提出仓单转让申请当日，它的期货保证金账户上也需要有足额资金解付货款，不然存在仓单过户时货款不足而面临违约的风险。

自　测　题

一、填空题

1. 早籼稻标准仓的生成流程：________、________、________、交割仓库申请注册及交易所办理注册等。

2. 早籼稻标准仓单可通过办理标准仓单充抵保证金、________、________等三种措施来缓解资金压力，有效利用仓单。

二、选择题（单选）

1. 下列哪些市场参与者可以进行早籼稻期货交割(　　)。

A. 一般纳税人　　B. 税务局代开发票的小型纳税人

C. 能开具和接收增值税发票的人　　D. 都可以

2. 早籼稻期货合约最后 10 个交割日结算价的(　　)是交割结算价。

A. 算数平均价　　B. 加权平均价

C. 几何平均价　　D. 中位数价格

3. (　　)状态下的仓单可用于期货交割。

A. 充抵保证金 B. 折抵保证金

C. 质押状态 D. 流通状态

三、判断题

1. 早籼稻期货套期保值申请获得交易所批准后，交易所不再收取客户交易保证金。 ( )

2. 进入交割月，若一直没有卖方客户提出交割申请，那么买方客户在最后交易日之前都无法进行早籼稻期货交割。 ( )

3. 客户持有早籼稻期货标准仓单，就可以到任意一家早籼稻期货交割仓库提取早籼稻。 ( )

4. 早籼稻期货基准交割仓库在江西和湖南。 ( )

5. 早籼稻入库质量检验及费用都由交割仓库负责。 ( )

参考答案

一、填空题

1. 交割预报、入库验收、质量检验

2. 仓单折抵保证金、仓单质押贷款

二、选择题（单选）

1. D 2. A 3. D

三、判断题

1. × 2. √ 3. √ 4. √ 5. √

附　录

附录1

2004 年以来国务院关于稻谷最低收购价的文件

（一）2004 年早籼稻最低收购价执行预案

第一条　根据《粮食流通管理条例》和《国务院关于进一步深化粮食流通体制改革的意见》（国发［2004］17 号），以及《国务院关于抓好粮食生产做好粮食市场供应工作的紧急通知》（国发［2004］9 号）精神，制定本预案。

第二条　在早籼稻主产区江西、湖南、湖北、安徽 4 省早籼稻上市后，当市场价格低于公布的最低收购价每市斤 0.7 元时，执行本预案。

其他早籼稻产区由省级人民政府制定本地区早籼稻最低收购价格执行预案。

第三条　早籼稻的最低收购价每市斤 0.7 元，是指三等质量标准的早籼稻，具体标准为杂质 1% 以内，水分 13.5% 以内，出糙率 75% 以上。最低收购价是指承担向农民直接收购库点的收购价。

非标准品的早籼稻具体收购价格水平，根据水分、杂质、等级等情况，按照《国家计委、国家粮食局、国家质检总局关于发布〈关于执行粮油质量标准有关问题的规定〉的通知》（国粮发［2001］146 号）有关规定执行。相邻等级之间等级差价按每市斤 0.02 元掌握。

第四条　在早籼稻主产区执行最低收购价格的收购企业为中储粮总公司及其分公司、主销区省级储备粮公司和主产区省级储备粮公司。具体名单由北京、天津、上海、江苏、浙江、福建、广东、海南 8 个主销区和江西、湖南、湖北、安徽 4 个主产区省级人民政府及中储粮总公司提出报国家粮食局审定后向社会公布，并报国家发展改革委、财政部和农业发展银行备案。

其他早籼稻产区执行最低收购价格的收购企业由当地省级人民政府指定。

第五条　在早籼稻上市后，当市场价格低于每市斤 0.7 元时，由国家粮食局责成中储粮总公司和地方储备粮公司按每市斤 0.7 元的最低收购价格，在江西、湖南、湖北、安徽 4 省早籼稻主产区挂牌收购农民交售的早籼稻，以使稻谷价格稳定在最低收购价格以上。

第六条　委托的粮食收购企业应合理布点，方便农民售粮；应当具备良好的仓储设施、较高的管理水平和良好的信誉。

第七条　在市场价格低于最低收购价格的情况下，8 个主销区地方储备粮未达到核定的销区 6 个月地方储备数量时，地方储备粮公司不得停止按每市斤 0.7 元收购的行为。

第八条　各地粮食行政管理部门要引导和鼓励所有取得粮食收购资格的经营者按不低于最低收购价水平的市场价格积极收购农民交售的稻谷。

第九条　中央储备轮入稻谷的价格，以及粮食主销区从主产区调运充实地方储备和轮换地方储备稻谷的价格，应不低于国家规定的最低收购价加合理费用。

第十条　在主产省早籼稻市场价格回升到国家规定的最低收购价格以上时，中储粮总公司可以停止按最低收购价收购早籼稻，并及时报告国家发展改革委、财政部、农业部、国家粮食局、中国农业发展银行。

第十一条　执行最低收购价的企业按最低收购价收购早籼稻所需贷款，由农业发展银行按照国家规定的最低收购价格和合理收购费用及时足额发放。合理收购费用为每市斤 2.5 分（含县内集并费），由中央财政对中储粮总公司包干使用。

第十二条　执行最低收购价的地方储备粮企业收购的早籼稻，其贷款利息和有关收购、保管费用按现行规定，由省级人民政府从粮食风险基金中列支。

销售后要及时足额归还农业发展银行贷款，亏损在粮食风险基金中支付。

广西自治区执行最低收购价收购的早籼稻在本区内顺价销售，发生的利息、费用补贴及盈亏在省级粮食风险基金中列支，必要时由中央财政适当补助。

第十三条 中储粮总公司和有关省粮食局每周二将执行最低收购价的企业上周按最低收购价收购的早籼稻数量报告国家粮食局。

第十四条 早籼稻最低收购价执行情况，分别由中储粮总公司和省级粮食行政管理部门于终止执行最低收购价格收购的一个月内报告国家发展改革委、财政部、农业部、国家粮食局、中国农业发展银行。

第十五条 中储粮总公司所属企业及受托企业收购的早籼稻，由中储粮公司负责就地临时储存，一般情况下不进行跨县集并，择机按市场价格销售，公开拍卖，单独核算，盈利上缴中央财政，亏损由中央财政负担。在储存期间的保管费用和利息由中央财政支付。

地方储备粮公司按最低收购价收购的早籼稻，主要用于充实地方储备。在停止早籼稻最低收购价收购后，如 8 个主销区地方储备数量仍未达到国家核定规模时，其不足部分由国家发展改革委、财政部、国家粮食局督促从中储粮总公司按最低收购价收购的早籼稻中补足。

第十六条 执行最低收购价的企业，要按时结算农民交售早籼稻的价款，不得给农民打白条，不得压级压价和代扣各种收费，不得将农业发展银行贷款挪作它用。按最低收购价收购的早籼稻销售后及时归还农业发展银行贷款。对违反规定的，由当地工商、物价、粮食、农业发展银行等有关部门按照《价格法》、《粮食流通管理条例》等有关规定查处。

第十七条 中储粮总公司根据早籼稻各主产区具体情况，提出入市收购的具体方案，并尽快提出早籼稻 4 个主产省收购库点名单报国家粮食局审定。在早籼稻市场价格低于每市斤 0.7 元时，及时按国家粮食局的指令入市收购，目标是把早籼稻收购价维持在不低于每市斤 0.7 元。国家粮食局负责监督检查早籼稻最低收购价政策的落实，在市场价格低于每市斤 0.7 元时，责成中储粮公司及地方储备粮公司入市收购；审定中储粮总公司和收购库点的布局，以及入市收购的具体方案；督促地方储备粮公司按国家要求承担执行最低收购价政策的责任，督促地方国有粮食企业按不低于最低收购价格水平积极组织收购。财政部负责对中储粮总公司按最低收购价收购、存储的早籼稻所需费用补贴问题做出规定，及时拨付应由中央财政负担的费用和利息补贴，会同有关部门研究执行最低收购价政策中发生亏损的解决办法，配合有关部门制定其他稻谷品种最低收购价的执行预案。农业发展银行负责向执行最低收购价任务的企业及时提供收购资金贷款；根据中储粮总公司及其分公司和地方储备粮公司收购库点的情况，具体提出收购资金供应方案和管理办法。农业部负责了解反映各地执行最低收购价政策情况，监测早籼稻市场价格，反映农民的意见和要求，维护农民的合法权益。国家发展改革委负责协调落实早籼稻最低收购价政策，监测早籼稻收购价格，会同国家粮食局宣传早籼稻最低收购价政策，会同有关部门研究拟定其他稻谷品种最低收购价政策执行预案。

第十八条　本办法由国家发展改革委、财政部和国家粮食局负责解释。

（二）关于公布2005年早籼稻最低收购价格的通知

各省、自治区、直辖市发展改革委、物价局、财政厅（局）、粮食局、农业发展银行分行：

根据《中共中央国务院关于进一步加强农村工作提高农业综合生产能力若干政策的意见》（中发［2005］1号）精神，为充分发挥价格导向作用，调动农民种粮积极性，国家决定对重点粮食品种继续实行最低收购价。经报请国务院同意，现通知如下：

早籼稻（三等）最低收购价格为每50公斤70元。在早籼稻市场价格高于每50公斤70元时，由取得收购资格的粮食经营企业按实际市场价格收购；在早籼稻市场价格低于每50公斤70元时，由国家委托能发挥主渠道作用的国有粮食经营企业按最低收购价格收购。中、晚籼稻和粳稻最低收购价格另行公布。

请各地将上述信息尽快下达到广大农村并向广大农民进行宣传。

国家发展和改革委员会　财政部　国家粮食局　中国农业发展银行

二〇〇五年三月一日

（三）关于公布2006年稻谷和小麦最低收购价格的通知

各省、自治区、直辖市发展改革委、物价局、财政厅（局）、粮食局、农业发展银行分行：

根据《中共中央国务院关于推进社会主义新农村建设的若干意见》（中发［2006］1号）精神，为充分发挥价格导向作用，稳定发展粮食生产，保持合理的粮价水平，保护种粮农民利益，国家决定2006年在主产区对短缺的重点粮食品种继续实行最低收购价政策。经请示国务院同意，2006年小麦（三等，下同）最低收购价为每50公斤白小麦72元、红小麦69元，早籼稻最低收购价为每50公斤70元，中晚籼稻最低收购价为每50公斤72元，粳稻最低收购价为每50公斤75元。

国家发展和改革委员会　财政部　国家粮食局　中国农业发展银行

二〇〇六年二月二十七日

（四）关于公布2008年稻谷和小麦最低收购价格的通知

各省、自治区、直辖市发展改革委、物价局、财政厅（局）、农业厅（局）、粮食局、农业发展银行分行：

为贯彻落实《中共中央国务院关于切实加强农业基础建设进一步促进农业发展农民增收的若干意见》（中发［2008］1号），引导农民合理调整种植结构，促进粮食生产发展，保护农民种粮积极性，经报请国务院批准，2008年在稻谷、小麦主产区继续实行最低收购价政策，并适当提高2008年生产的稻谷和小麦最低收购价水平。其中，每50公斤早籼稻（三等，下同）由70元提高到75元；中晚籼稻由72元提高到76元；粳稻由75元提高到 79 元；白小麦由 72 元提高到 75 元；红小麦由 69 元提高到 70 元；混合麦由 69 元提高到 70 元。

国家发展改革委　财政部　农业部　国家粮食局　中国农业发展银行
二〇〇八年二月八日

（五）关于提高 2009 年稻谷最低收购价格的通知

各省、自治区、直辖市发展改革委、物价局、财政厅（局）、农业厅（局、委、办）、粮食局、农业发展银行分行：

为贯彻落实党的十七届三中全会精神，进一步加大对种粮农民的支持力度，保护农民种粮积极性，促进粮食生产发展，经国务院批准，决定从今年新粮上市起较大幅度提高 2009 年生产的稻谷最低收购价水平。每 50 公斤早籼稻（三等，下同）、中晚籼稻、粳稻最低收购价格分别提高到 90 元、92 元、95 元，比 2008 年均提高 13 元。

国家发展改革委　财政部　农业部　国家粮食局　中国农业发展银行
二〇〇九年一月二十四日

（六）关于提高 2010 年稻谷最低收购价格的通知

各省、自治区、直辖市发展改革委、物价局、财政厅（局）、农业厅（局、委、办）、粮食局、农业发展银行分行：

为贯彻落实十七届三中全会精神，进一步加大对种粮农民的支持力度，保护农民种粮积极性，促进粮食生产发展，经国务院批准，决定从今年新粮上市起适当提高主产区 2010 年生产的稻谷最低收购价水平。每 50 公斤早籼稻（三等，下同）、中晚籼稻、粳稻最低收购价格分别提高到93元、97元、105元，比2009年分别提高3元、5元、10元。早籼稻播种在即，各地要做好宣传工作，以调动农民种粮积极性，促进粮食生产稳定发展。

国家发展改革委　财政部　农业部　国家粮食局　中国农业发展银行

二〇一〇年二月二十日

（七）关于提高2011年稻谷最低收购价格的通知

各省、自治区、直辖市发展改革委、物价局、财政厅（局）、农业厅（局、委、办）、粮食局、农业发展银行分行：

为保护农民种粮积极性，进一步促进粮食生产发展，国家继续在稻谷主产区实行最低收购价政策，并适当提高2011年最低收购价水平。经报请国务院批准，2011年生产的早籼稻（三等，下同）、中晚籼稻、粳稻最低收购价分别提高到每50公斤102元、107元、128元，比2010年分别提高9元、10元、23元。

国家发展改革委　财政部　农业部　国家粮食局　中国农业发展银行

二〇一一年二月十日

附录2

中央储备粮油轮换管理办法（试行）
（国粮调［2001］209号）

为保证中央储备粮油质量和储存安全，做到储备粮油轮换的制度化、规范化，实现储备粮油管理的良性循环，达到管住管好、保质保值、结构优化、布局合理的目的，根据国家有关法律、法规和国家粮油政策以及国务院有关文件规定，制定本办法。

一、轮换粮油品质的控制

中央储备粮油的轮换，是指在储备规模不变的情况下，为保持中央储备粮油品质符合国标规定，经营管理中央储备粮油的单位根据中央储备粮油的品质检查认定结果，按照国家计划，以新粮油替换库存粮油。品质认定以粮油储存品质控制指标作为依据，以储存年限作为参考。

（一）品质检测

中央储备粮油必须达到国标规定的各项指标。粮食质量符合国标规定的中等（含）以上标准，食油质量符合国标规定的二级（含）以上标准。中央储备粮油轮换前必须经过检测，品质检测按照国家粮食局、原国家质量技术监督局《关于印发〈粮油储存品质判定规则〉的通知》（国粮发［2000］

143 号）的有关规定执行。

（二）储存年限（以生产时间计算）

长江以南地区：稻谷 2 ~3 年；小麦 3 ~4 年；玉米 1 ~2 年；豆类 1 ~2 年。

长江以北地区：稻谷 2 ~3 年；小麦 3 ~5 年；玉米 2 ~3 年；豆类 1 ~2 年。

食用油 1 ~2 年。

对储存条件差的取低值，储存条件好的取高值。地下库粮油的储存时间，可根据质量情况酌情延长。

（三）定期检查

中央储备粮油质量管理工作，在国家粮食局的监督指导下，按照《粮油质量管理办法》的规定，由中国储备粮管理总公司（以下简称中储粮总公司）负责。中央储备粮油执行定期质量检查制度和质量报表制度。质量检查由中储粮总公司负责组织，每年检查两次，检查结果由中储粮总公司以统一的质量报表汇总后，于每年 5 月末、11 月末报国家粮食局、财政部等有关部门。国家粮食局、财政部可根据情况对储备粮油质量组织抽查。

（四）品质认定

每次质量检查后，根据《粮油储存品质判定规则》的规定，对储备粮油品质作出评价，将质量检查结果分为宜存粮油、不宜存粮油和陈化粮油三个类别。

二、中央储备粮油轮换审批权限、程序和责任

（一）中央储备粮油轮换实行计划管理。中央储备粮油的轮换以质量检查结果为依据，对不宜存的粮油，必须进行轮换；对宜存粮油中接近品质控制指标或超过储存规定年限的，也要按照先入先出、均衡轮换、降低费用的

原则进行轮换。按照每年轮换一定比例（总量的20%～30%）的储备粮油库存总量的原则和库存粮油质量情况，中储粮总公司在每年11月底前提出下年度轮换计划（分省、分品种）报国家粮食局、财政部、中国农业发展银行，国家粮食局等有关部门综合平衡后在12月底前将轮换计划下达给中储粮总公司。中储粮总公司负责每半年将轮换计划执行情况报国家粮食局等有关部门。

（二）中储粮总公司负责中央储备粮油轮换计划的组织实施。根据年度轮换计划，中储粮总公司安排下达分批、分省、分品种计划，并报送国家粮食局、财政部和中国农业发展银行备案。

（三）中储粮总公司对中央储备粮油质量负责。因未及时申报轮换（串换）计划，或者下达的轮换（串换）计划没有落实而导致粮油陈化的，造成的损失由中储粮总公司承担，并追究有关人员责任。国家粮食局、财政部适时组织对轮换情况进行检查。

（四）中央储备粮油的轮空期最长不超过4个月，如遇特殊情况，在粮油轮出后，4个月还不能轮入的，须向国家粮食局、财政部报告，否则按照擅自动用中央储备粮油处理。

（五）中储粮总公司在实际轮换中，应严格执行国家计划和有关规定，如确需调整计划，须报国家粮食局、财政部、中国农业发展银行审批，国家粮食局等有关部门应在15个工作日内批复。需审批的事项包括：

1. 不同品种粮油的串换；

2. 根据市场情况及轮换需要，对确需超过4个月轮空期的；

3. 变更国家下达的轮换计划；

4. 中储粮总公司认为有利于提高储备粮质量，但又超越国家计划和有关规定的轮换事项。

（六）未经批准自行决定轮换（串换）的，视同擅自动用中央储备粮油处理。

（七）国家粮食局、财政部、中国农业发展银行要按其职能及时审批并下达轮换计划，及时拨补轮换费用和提供轮换资金，保证轮换工作的顺利进行。

三、中央储备粮油轮换的主要形式

（一）结合粮油进出口实现中央储备粮油的轮换。国家根据宏观调控和国际市场行情等因素安排粮油进出口计划。在执行落实粮油进出口计划时，应尽可能按推陈储新的原则进行，以促进中央储备粮油的轮换。

（二）同品种等量轮换。在国家未安排储备粮油收购和销售计划，或安排的储备粮油购销计划不能满足轮换需要的情况下，可以进行同品种等量轮换，即在储备规模、品种不变的前提下，采取先销后购或先购后销的方式，实现储备粮油的轮换。

（三）不同品种的等量串换。应按照有利于优化结构、保值增值的原则进行。

四、轮换的有关财务和统计处理

（一）中储粮总公司在按规定的补贴费用标准包干后，对中央储备粮油的轮换自负盈亏（不含进出口轮换）。轮换发生的盈利，应主要用于改善粮食的保管及用作今后轮换的风险准备；轮换产生的亏损由企业自行承担消化。

（二）中央储备粮轮换费用含在财政部对中储粮总公司的包干费用中，财政部按季预拨，在规定的轮空期间，储备粮油的费用补贴照常拨付。财政部对轮换费用实行总额控制，年终清算。中储粮总公司在财政部规定的金额及使用范围内，制定不同品种、不同地区轮换费用补贴标准，并根据轮换需要，分批拨付轮换费用，轮换费用标准及轮换费用拨付情况需报财政部备案。年终财政部按实际轮换数量和轮换费用标准对总公司进行清算，核销当年轮换费用支出。未轮换的，资金结转下年使用。财政部会同有关部门根据总公司报送的轮换情况进行检查，对虚报轮换，套取补贴的给予相应的处罚。实行包干后，中储粮总公司对保管费、轮换费、公司经费必须分开管理，单独记账，不能混用混管。

（三）除结合进出口轮换外，中央储备粮油轮换采取成本不变、实物兑换，即轮入的粮油按照轮出粮油的入库成本记账。

（四）结合进出口实现中央储备粮油轮换，实行单独的财务处理政策。具体财务处理方式，原则上采取成本不变，实物兑换。另外也可采取进口轮入和轮出分别核算的方式，即对轮入的进口粮油由财政部根据购进价及有关费用重新核定入库成本，对轮出的粮油实行竞卖等方式公开销售，相应结转轮出粮油的原库存成本。根据进出口的需要，由财政部会同有关部门另行确定财务处理方式及进出口轮换盈亏负担办法。

（五）中央储备粮油的损失损耗处理问题按国家有关规定执行。

（六）中央储备粮油的轮换，要按中央储备粮油统计制度的有关规定在统计报告中单独反映，中储粮总公司负责设立储备粮油轮换台账，准确、动态反映储备粮油轮出、轮入的数量及轮空期。如不能按要求提供有关数据，财政部将停止拨付轮换费用，中储粮总公司承担相应的责任。

五、轮换资金管理

（一）中央储备粮油进出口、轮换所需资金，由中国农业发展银行开户行根据中储粮总公司或分公司下达的分批、分库点轮换计划和国家规定的价格政策，按照“库贷挂钩、封闭管理”的原则，发放贷款。轮换贷款发放和管理的具体事宜由中国农业发展银行商中储粮总公司另行规定。

（二）中储粮总公司使用国家拨入的专项资金进行轮换，应严格按财政部财建［2000］939号文件规定，确保资金的保值增值，不得将轮换风险转嫁到国拨专项资金。

中储粮总公司可根据本办法制定实施细则，并报国家粮食局、财政部、中国农业发展银行备案。

本办法自2002年1月1日起试行，由国家粮食局、财政部、中国农业发展银行负责解释。

附录3

美国大米生产者财政支持政策介绍
——无追索权市场行销支持贷款

为了保护农民利益和支持水稻生产，美国政府为本国的稻农提供财政支持，无追索权市场行销支持贷款（MALs）就是一种财政支持工具。2008年，美国农业法案重新批准了这项财政支持政策，使得在2008年到2012年间种植小麦、玉米、水稻、大豆等粮油作物的美国农民可得到政府的财政支持。无追索权市场行销贷款，可使农民在收获水稻后，手头可获得充足的现金流，以避开农产品在收获后可能出现的季节性压力，选择较好的时机出售水稻。有了政府的财力支持，农民可以在下一个作物生产年度开始之前，从容应对市场。

对于稻农来说，申请了上述贷款，必须将收获的水稻作为贷款抵押物获得贷款，贷款数额为“贷款基准价格”（Loan Rate，国内称贷款率）乘以申报抵押物数量，贷款到期通常为下一个生产年度开始前。贷款执行机构——美国商品信贷公司（CCC）对于水稻种植者的贷款归还到期日定为每年的5月31日。按照贷款条款规定，水稻种植者归还贷款有两种情形：“市场标准价格”高于“贷款基准价格”时，还贷数额是贷款基准价乘以贷款抵押物申报数量并且加上一定利息，这种利息比一般市场利息要低。当市场标准价格低于贷款基准价格时，市场标准价格与贷款基准价的差额部分不必归还，由政府承担。结果，对于前者来说是农民获得低息贷款；对于后者，价格差部分的性质已变，实际上是农民获得了政府补贴。在贷款操作过程中，市场标准价格的认定由权威机构作出，并且有一套严格的程序和标准。贷款基准价格在国内被理解为美国的农产品保护价。

对于符合贷款条件的农民，还有一种方式可得到政府的财政支持，即在收获水稻后，放弃贷款申请，而是在市场标准价格低于贷款基准价格时，按两者的差，申请差额补贴（LDP）。当然，这种补贴也只有在市场标准价格低于贷款基准价格时才能获得。这种补贴是一次性的，申请这种补贴，意味着承担了机会损失的风险，理论上，当获得补贴时的市场价格最低，才是最有利的。

美国农业部公布的2009～2012年大米贷款基准价格为6.5美元/英担，稻谷市场标准价格由美国农业部每周公布一次。

附录4

早籼稻相关图表

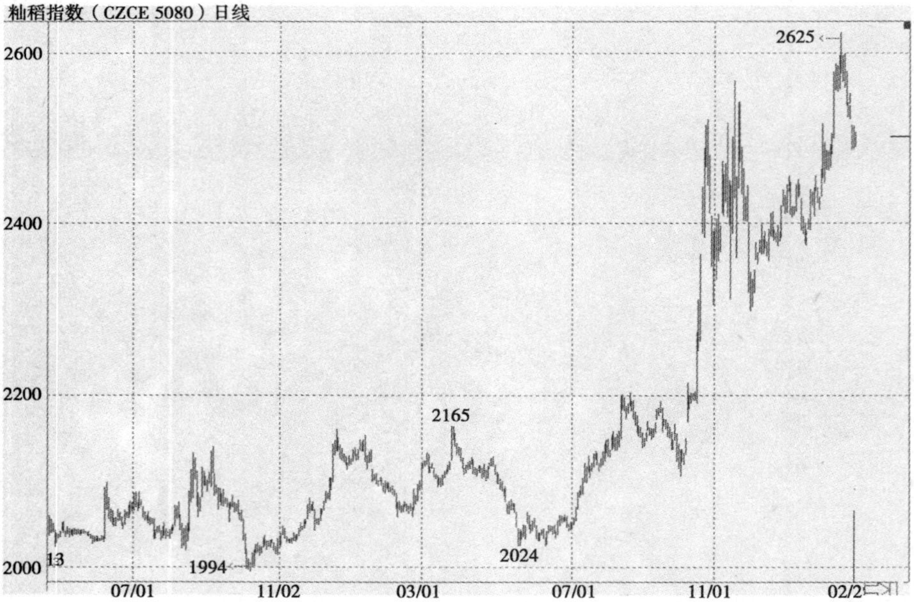

数据来源：文华财经。

图 1　郑州商品交易所早籼稻期货指数图

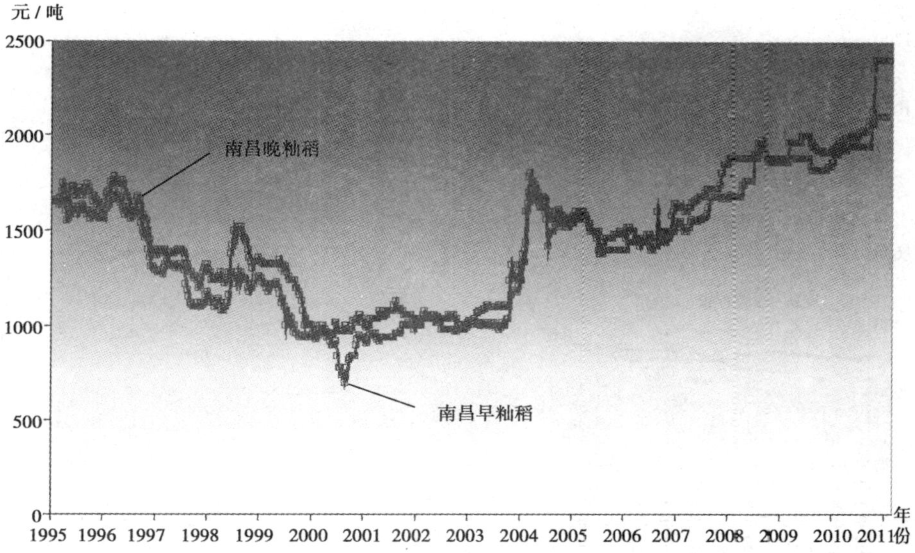

图 2 早籼稻现货价格走势图

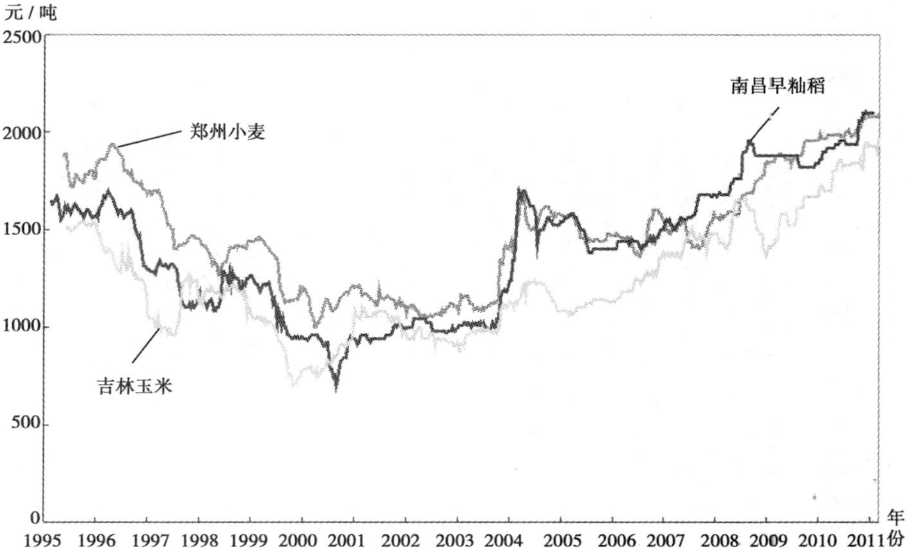

图 3 早籼稻、小麦和玉米现货价格走势图

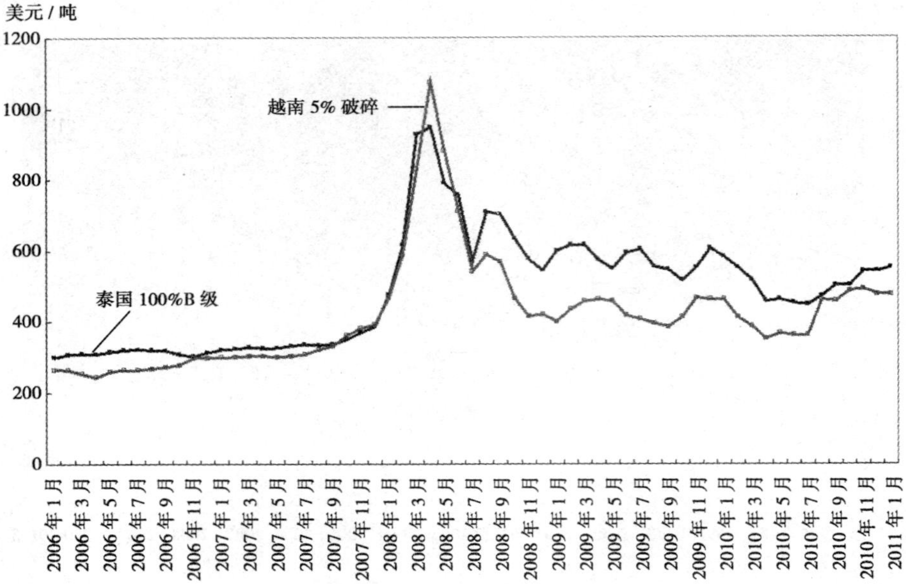

图 4　泰国、越南大米价格走势图

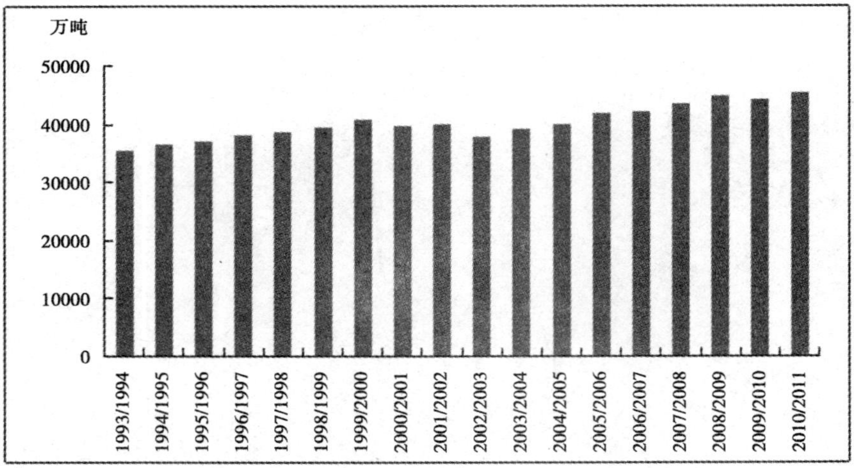

图 5　全球大米产量

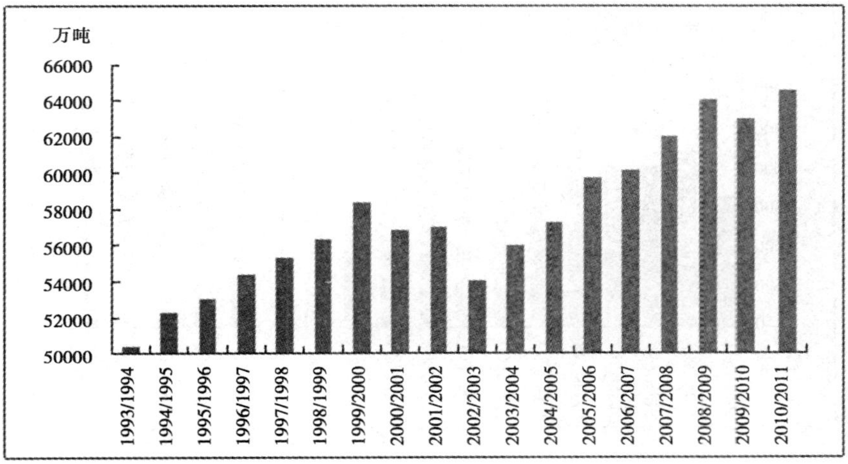

图 6　全球稻谷产量

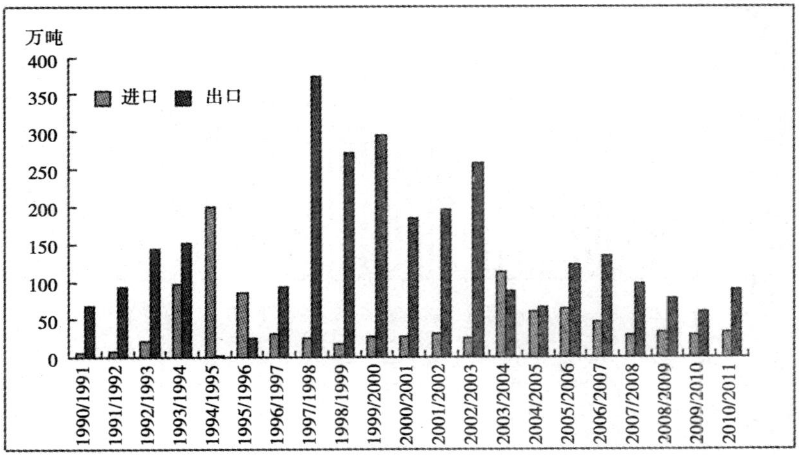

图 7　中国大米进出口量

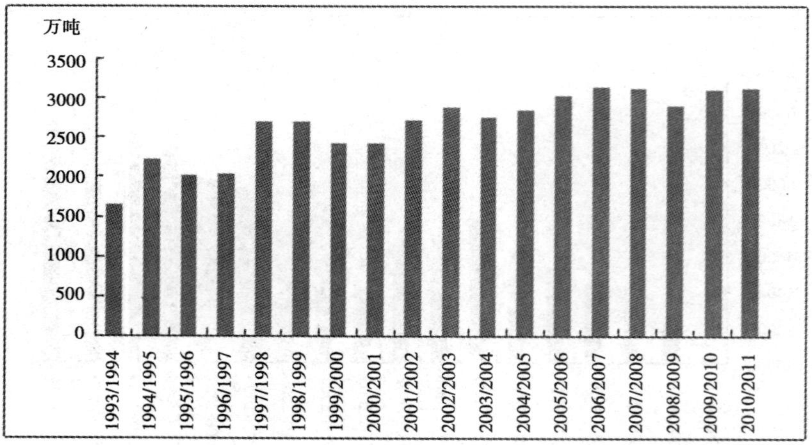

图 8　全球大米出口量

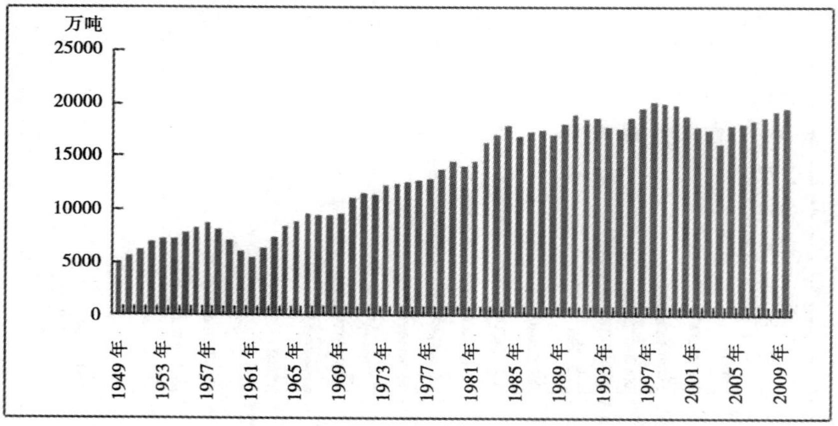

图 9　全国稻谷产量

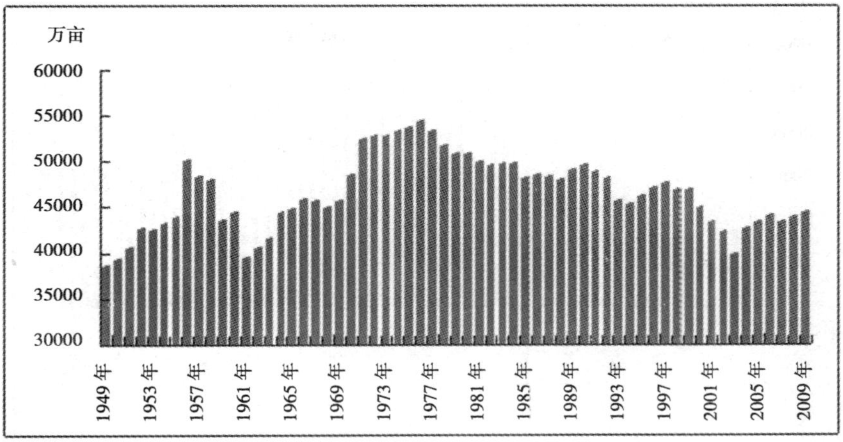

图 10　全国稻谷播种面积

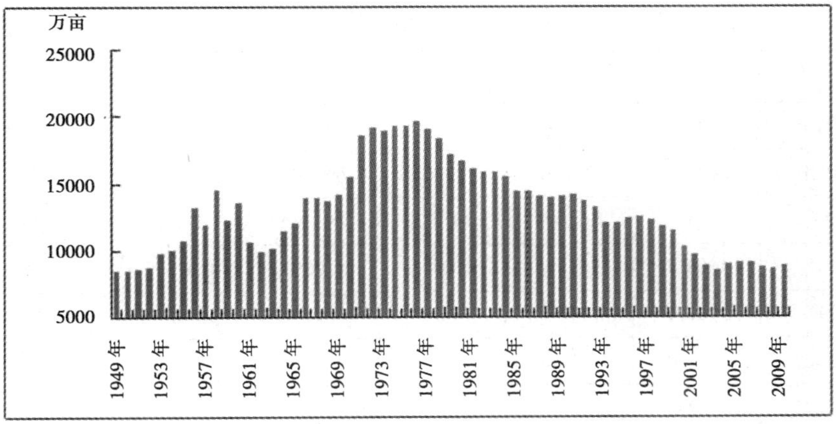

图 11　全国早籼稻播种面积

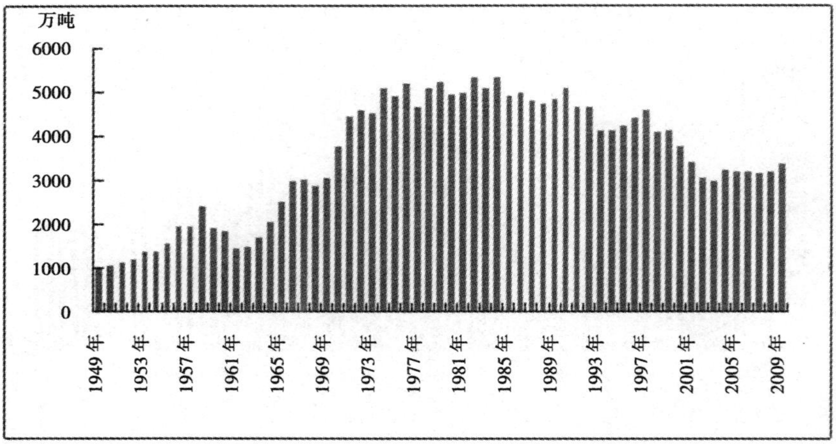

图 12　全国早籼稻产量

表 1　　2005～2007 年年均稻谷排名前十的省份及其所占比重

单位：万吨

	2007 年		2006 年		2005 年	
全国	18603.4	100.00%	18171.8	100%	18058.8	100%
10 省	14468.6	77.77%	14317.4	78.79%	14014.3	77.60%
湖南	2425.7	13.04%	2414.5	13.29%	2296.2	12.72%
江西	1806.4	9.71%	1808.8	9.95%	1667.2	9.23%
江苏	1761.1	9.47%	1778	9.78%	1706.7	9.45%
湖北	1485.9	7.99%	1437.9	7.91%	1535.3	8.50%
四川	1419.7	7.63%	1336.7	7.36%	1505.7	8.34%
黑龙江	1417.9	7.62%	1360	7.48%	1121.5	6.21%
安徽	1356.4	7.29%	1333.1	7.34%	1250.8	6.93%
广西	1112.5	5.98%	1150.1	6.33%	1169.1	6.47%
广东	1046.1	5.62%	1015.9	5.59%	1117	6.19%
浙江	636.9	3.42%	682.4	3.76%	644.8	3.57%

表 2　**近年早籼稻占稻谷的比例**　单位：万亩、万吨

年度	播种面积	占稻谷比例	产量	占稻谷比例
2001	9507.3	22.20%	3400.26	19.10%
2002	8809.05	20.80%	3028.9	17.30%
2003	8385.45	21.10%	2948.4	18.30%
2004	8920.5	21.00%	3221.6	18%
2005	9041.85	20.90%	3187.4	18.60%
2006	8985	20.40%	3186.8	17.50%
2007	8736	19.90%	3152	17.10%
2008	8730	19.79%	3158	16.36%
2009	8775	19.71%	3300	16.86%

表 3　**早籼稻指定交割库一览表**

仓库名称	联系人	联系电话	升贴水（元/吨）	地址	铁路到站	码头
湖南金霞粮食产业有限公司	吴明斗	电话：0731－4471311 手机：13808470780 传真：0731－4471311	0	湖南省长沙市芙蓉中路一段160号	长沙北站	长沙新港
湖南金健粮油实业发展有限公司	李子华	电话：0736－7308680 手机：13873659639 传真：0736－7308680	0	湖南省常德市德山开发区崇德路	常德德山站	常德港德山码头
湖南永州下河国家粮食储备库	陶晓华	电话：0746－8466615 手机：13874607385 传真：0746－8467446	0	湖南省永州市冷水滩区零陵路411号	永州东站	无
中国华粮物流集团城陵矶港口库	李奇勇	电话：0730－8571866 手机：13975090668 传真：0730－8571235	0	湖南岳阳城陵矶桂花园路1号	城陵矶站	城陵矶港口库码头

续表

仓库名称	联系人	联系电话	升贴水（元/吨）	地址	铁路到站	码头
湖南益阳粒粒晶粮食购销公司	刘星强	电话：0737－3279800 手机：15898409228 传真：0737－3279800	0	湖南省益阳市赫山区兰溪镇	益阳东站、中储粮益阳直属库铁路专用线	益阳水运码头
湖南赤山国家粮食储备库	段德海	电话：0737－2288858 手机：13973713258 传真：0737－2286005	0	湖南省沅江市南嘴镇沅南路8号	益阳（中储粮益阳直属库专用线）	沅江市南嘴镇陈家塘村赤山粮库码头
湖南粮食中心批发市场	武奇	电话：0731－4497989 手机：13975129872 传真：0731－4497523	0	湖南省长沙市新河路470号	长沙北站	长沙霞凝新港
江西省温圳粮库	王珍璋	电话：0791－5540486 手机：13807001492 传真：0791－5540985	0	江西省进贤县温圳镇城北大道169号	南昌铁路局温家圳站（温圳粮库粮专线）	无
九江市粮油总公司储备仓库	刘革新	电话：0792－8138902 手机：13979289831 传真：0792－8224553	0	江西省九江市滨江路577号五丰大厦9楼	九江北站	九江乌石矶粮食专用码头
江西樟树国家粮食储备库	辛国平	电话：0795－7348681 手机：13907050889 传真：0795－7348126	0	江西樟树市药都北大道15号	樟树站	樟树港四码头
江西中储粮吉安直属库	张继明	电话：0796－8188130 手机：13807969801 传真：0796－8188718	0	江西省吉安市青原区学苑路19号	吉安火车站	无
武汉市大花岭粮食储备库	史乾	电话：027－81949291 手机：15827603864 传真：027－81949291	－40	湖北省武汉市江夏区大桥街环岭路18号	大花岭	无

续表

仓库名称	联系人	联系电话	升贴水（元/吨）	地址	铁路到站	码头
浙江嘉善银粮国家粮食储备库	周天纵	电话：0573－84163295 手机：13506835071 传真：0573－84161602	80	浙江省嘉善县开源路298号	嘉善（粮食专用线）	嘉善银粮库码头
江西中储粮万年直属库	李志峰	电话：0793－3907997 手机：15807933601 传真：0793－3840516	0	江西万年县城六零南大道82号	万年站	无
江西省粮油集团新干购销有限公司	孙杨	手机：13170877700 传真：0796－2681686	0	江西省新干县城南工业园	新干站	无
中央储备粮南昌直属库	赖坚	手机：13907008101 传真：0791－3805380	0	江西省南昌市庐山中大道911号支路	南昌北	
广西宾阳黎塘国家粮食储备库	潘忆	手机：13978683020 传真：0771－8212555	60	广西宾阳县黎塘镇永安东路228号	黎塘面粉厂铁路专用线	
万福生科（湖南）农业开发股份有限公司	严平贵	手机：13707428989 传真：0736－6686578	0	湖南省桃源县陬市镇桂花路1号	常德德山站	

后 记

本书是以期货投资者为主要服务对象而编写的一本普及性读物。同时，针对各类实体企业的经营需求及它们所面临的风险敞口，尤其是套期保值方面的需求，本书也提供了不少值得借鉴的应用性案例。此外，本书在套利方面，也提供了不少值得借鉴的分析方法和实用型案例。因此，本书也可供期货从业人员、企业及套利决策者参考。

本书遵循基础性、通俗性、实用型、规范性原则，力图用通俗易懂的语言和案例说明问题，尽量避免深奥的理论性介绍。针对早籼稻产业链各环节的具体情况，本书着重介绍了实体企业如何发挥期货市场的独特功能来规避价格风险、创新经营模式的基本思路和操作原理。同时，本书结合早籼稻政策市的特点，从供求关系及相关政策等因素入手，详细介绍了影响早籼稻期货市场的各方面因素，为投资者提供参考。

需要说明的是，“期市有风险，入市需谨慎！”

本书由于篇幅有限，无法一一尽述相关企业及投资者在期货市场上可能面临的所有具体情况。因此，企业参与套期保值，务必结合自身的经营需求，制定科学合理的交易策略，严格控制交易规模，切忌“以套保为名行投机之实”。同时，普通投资者在决定参与交易之前，应审慎评估自身能力，尽可能熟悉并掌握交易品种的市场运行特点及操作技能，从而规避不必要的风险。

作为《期货投资者教育系列丛书》之一，本书由中国期货业协会组织编写，具体的编写人员通过公开遴选，并经专家评审最终确定下来。

本书由江西瑞奇期货经纪有限公司刘国平、周士荣、汤青霞承担编写任务；郑州商品交易所常青同志对本书书稿进行了审阅并提出了宝贵建议。本书在编写过程中得到了中国证监会投资者教育办公室、期货二部、中国期货业协会、郑州商品交易所、江西瑞奇期货经纪有限公司领导的指导和帮助，在此表示衷心的感谢！书中错误之处，敬请批评指正。

中国期货业协会
《期货投资者教育系列丛书》编委会
2011 年 9 月 17 日